会話で覚える TOEIC® L&Rテスト 必修英単語1500

TOEIC is a registered trademark of Educational Testing Service (ETS).
This publication is not endorsed or approved by ETS.
*L&R stands for Listening and Reading.

[編著] AmEnglish.com, Inc.
[監修] Dr. フィリップ・タビナー

◆Introduction

Welcome

To the TOEIC Student, welcome to this vocabulary text. We are excited that you have embarked upon your journey to improve your business English and are honored that you have included us in this effort. As a background note we thought you would like to know the breadth and depth of the work that went into creating this program. With extensive knowledge and experience with TOEIC® (all four skills) tests we reached out and conducted extensive work to supplement this knowledge.

Our team worked with computational linguists to come up with a large list of appropriate vocabulary for this project. Business English is very dynamic. Our goal was to select words in common use today with an eye on the future. From this much larger list, the team in our USA offices chose the final words in collaboration with the publishing team at Toshin Books in Japan. Finally, stories were created using this vocabulary in context. Listening to these stories will help you increase your vocabulary and listening comprehension in English, which will improve your scores on the TOEIC® test.

We wish you well on your journey to improving your business English and much success in all your career endeavors.

Dr. Philip Tabbiner

◆序文

はじめに

TOEIC を勉強中の方々へ，この単語集へようこそ。私たちは貴方がビジネス英語力を高めるための第一歩を踏み出したことを歓迎すると共に，私たちをその過程に含めてくださったことをとても光栄に思います。背景知識として，このプログラムを作成するために私たちがどれだけ広範囲で綿密な仕事を要したのかをあなたにお伝えしたく思います。私たちは TOEIC®テスト（全４技能）についての広範囲にわたる知識と経験に基づき，さらにこれらの知識を補填するために大規模な調査を行いました。

私たちのチームは，計算言語学者と共に，このプロジェクトに適したボキャブラリーを集めた大規模なリストを完成させました。ビジネス英語はとても流動的なものです。私たちの目標は視点を未来に向けつつ，今日一般的に使用されている語句を選択することでした。私たちのアメリカオフィスのチームが，日本の東進ブックス編集チームの協力のもと，この大規模なリストから最終的な語句の選定を行いました。そして最後に，これらのボキャブラリーを文脈の中で使用した例文が作成されました。これらの例文を聞くことは、貴方のボキャブラリーを増やしリスニングの理解力を高め，TOEIC®テストのスコアを上げるのに貢献するでしょう。

あなたのビジネス英語力を高めるための取り組みと，あなたのキャリアにおいて，益々の成功と発展がありますように。

Dr. フィリップ・タビナー

◆TOEIC® テストとは

TOEIC® Program, いわゆるTOEIC® テストは, アメリカのETS (Educational Testing Service) が開発した, 日常生活やグローバルビジネスにおける生きた英語力を測定する世界共通のテストです。現在, TOEIC® テストには5つの種類があります。

① TOEIC® Listening & Reading テスト
② TOEIC® Speaking & Writing テスト
③ TOEIC® Speaking テスト
④ TOEIC Bridge® Listening & Reading テスト (初中級者向け)
⑤ TOEIC Bridge® Speaking & Writing テスト (初中級者向け)

〔2021年2月時点〕

本書は, この5つの中で最もポピュラーな, ① TOEIC® Listening & Reading テスト (以下, TOEIC® L&R テスト) の単語集です。

■TOEIC® L&R テストとは

TOEIC® L&R テストは, Listening (聞く) と Reading (読む) の英語力を測定する, マークシート方式の一斉客観テストです。制限時間や問題数, 配点は以下の通りです。

	Listening	Reading	Total
制限時間	約45分	75分	約120分 (約2時間)
問題数	100問	100問	200問
配点	495点	495点	990点

TOEIC® L&R テストは, 2011年以降, 毎年100万人以上 (公開テスト) が受験している非常にポピュラーなビジネス英語の能力試験です。多くの大学・企業で, TOEIC® L&R テストのスコアが活用されています。

■ TOEIC® L&R テストの試験内容

❶ Listening：リスニング

Listening セクションは４つのセクションに分かれています。

パート	パート名	問題数
1	写真描写問題	6
2	応答問題	25
3	会話問題	39
4	説明文問題	30

❷ Reading：リーディング

Reading セクションは３つのセクションに分かれています。

パート	パート名	問題数
5	短文穴埋め問題	30
6	長文穴埋め問題	16
7	１つの文書を読んで設問に答える問題	29
	複数の文書を読んで設問に答える問題	25

■TOEIC® L&Rテストのスコアとコミュニケーション能力

TOEIC® L&R テストのスコアとコミュニケーション能力レベルの相関は以下のとおりです。

レベル	スコア	評価（ガイドライン）
A	860点〜	Non-Native として十分なコミュニケーションができる。
B	730点〜	どんな状況でも適切なコミュニケーションができる素地を備えている。
C	470点〜	日常生活のニーズを充足し，限定された範囲内では業務上のコミュニケーションができる。
D	220点〜	通常会話で最低限のコミュニケーションができる。
E		コミュニケーションができるまでに至っていない。

（出典：一般財団法人 国際ビジネスコミュニケーション協会HP）

●各種検定試験と本書の対照表

難度	CEFR レベル	TOEIC® L&R テスト		英検	本書のレベル（目安）
		Listening	Reading		
難	C2				
↑	C1	490点〜	455点〜	1級	
	B2	400点〜	385点〜	準1級	上級1500
	B1	275点〜	275点〜	2級	必修1500 / 上級1500
↓	A2	110点〜	115点〜	準2級	必修1500
易	A1	60点〜	60点〜	5〜3級	

（一般財団法人 国際ビジネスコミュニケーション協会HP・公益財団法人 日本英語検定協会HP・文部科学省HPより作成）

※CEFR…The Common European Framework of Reference for Languages（ヨーロッパ言語共通参照枠）の略。総合的な言語能力の指標として，世界中で活用されている。

●公式HP

日本において，TOEIC® L&R テストは，一般財団法人 国際ビジネスコミュニケーション協会（IIBC：The Institute for International Business Communication）が実施しています。詳細は，一般財団法人 国際ビジネスコミュニケーション協会HP をご確認下さい。

▶ https://www.iibc-global.org/toeic.html

◆本書の特長

❶ ビジネス「会話文」で必修語彙が覚えられる！

本書は，ビジネスシーンの会話文（合計 150 シーン）の中に TOEIC® L&R テスト必修の英単語・フレーズ 1500 語を完全収録した新しい単語集です。1つの会話文のストーリーで多数の必修語彙をまとめて覚えることができます。

また，見出し語 1500 語のほか，覚えておくべき派生語・関連語・類義語・反意語も，875 語掲載しました。コラムの語彙も含めれば，合計 2,496 語になります。本書の語彙を覚えて，TOEIC® L&R テストのスコアアップを目指しましょう。

ストーリーは，会社内での会話，友人との会話，記者によるインタビュー，お店での返品交換など，様々なシーンを用意しました。実際のネイティブとの会話でも「使える」表現が満載です。

❷「語彙力」と「会話力」が同時に高められる！

本書の英会話文は，TOEIC® L&R テストにも頻出する，実際のビジネスシーンでよく使われる例文です。この会話文の音声学習や音読を繰り返すことで，「語彙力」と同時に「会話力」も高めることができます。

英会話文の読み上げ音声は，TOEIC® L&R テストと同様，アメリカ・イギリス・カナダ・オーストラリア出身の男女４人のネイティブに読み上げてもらいました。見出し語は，アメリカ・カナダ出身の男女２人のネイティブが読み上げています。音声再生方法は，P16 をご覧ください。

また，本書の例文は口語的な表現も含まれています。これは，TOEIC® L&R テスト Part ３の傾向とは少し異なっている部分もありますが，ネイティブが会話で使っている口語的な表現を習得できるようにしました。

❸ アメリカで作られた最も「ネイティブ」な単語集！

本書の英会話文と見出し語リストは，ETS (Educational Testing Service) と共同で TOEIC®テストの公式補助教材を制作している，米国の AmEnglish.com 社によって作成されました。

また，ETS の元シニア・ヴァイス・プレジデント（社長を補佐する上級役員）であるフィリップ・タビナー博士にご監修いただき，本書のために見出し語の選定と英会話文の制作を行いました。

さらに日本人学習者のために，カタカナ語として一般的に流通している単語や，小・中学生レベルの平易な単語を排除して，何度も見出し語リストをブラッシュアップしました。英会話文には難しい英単語をなるべく省いたので，本書の英単語を習得すればスラスラ読めるはずです。ストーリー上どうしても難しい英単語が入る場合には，語注をつけたので，参考にしてください。

◆本書の使い方

STAGE
例文30話ずつ，語彙300語ずつ，STAGE 1～5に分けました。

STAGE 5　STORY 124

STORY 124 A Paper Jam

STORY
男女による2人または3人の会話文になっています。左ページが英文で，右ページが対訳になっています。対訳は，なるべく自然な日本語にしてあります。例文内の赤字部分が見出し語です。青下線は，本書で習得できる見出し語です。未出の語は，下に語注を掲載しています。

W: Could you give me some help, Chris? My printer is jammed and I can't extract the paper. I need to print the first, third, and fifth page of this report, but every time I start the printing sequence, I have this problem.

M: Maybe the stack of paper is not straight when you are putting it in the slot. That can cause issues. Slow down; don't be hasty.

W: Thanks. I think you are correct. I was not putting the paper in straight. I'm going too fast. I have to get some more paper from the storage room and start again.

M: I have some spare paper on my desk. What quantity do you need?

W: I can finish this with just 5 more pieces of paper. Thanks.

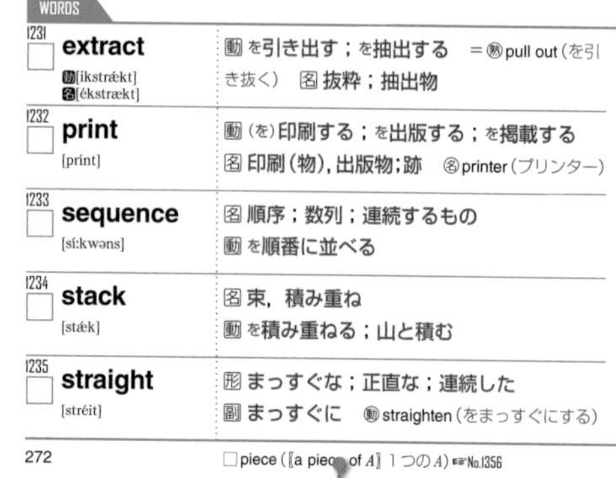

WORDS

1231	**extract** 動[ikstrǽkt] 名[ékstrækt]	動 を引き出す；を抽出する　＝熟 pull out（を引き抜く）　名 抜粋；抽出物
1232	**print** [prínt]	動（を）印刷する；を出版する；を掲載する　名 印刷（物），出版物；跡　名 printer（プリンター）
1233	**sequence** [síːkwəns]	名 順序；数列；連続するもの　動 を順番に並べる
1234	**stack** [stǽk]	名 束，積み重ね　動 を積み重ねる；山と積む
1235	**straight** [stréit]	形 まっすぐな；正直な；連続した　副 まっすぐに　動 straighten（をまっすぐにする）

272　□piece（［a piece of *A*］1つの*A*）☞No.1356

語注
未出の見出し語や，難易度の高い語をピックアップしました。

124 紙詰まり

W: ちょっと助けてくれない，Chris？　私のプリンターが詰まって紙を引き出せなくなっちゃった。この報告書の1，3，5ページ目を印刷したいんだけど，印刷の手順を始めると，毎回この問題にぶつかるの。

M: もしかしたら差し込み口に入れるときに紙の束がまっすぐじゃないのかもしれない。それは問題を引き起こす可能性があるから。ゆっくりと，急がないでね。

W: ありがとう。あなたが正しいと思う。私は紙をまっすぐ入れていなかったわ。急ぎすぎね。保管室からもっと多くの紙を取ってきて再開しないと。

M: 僕の机に予備の紙が何枚かあるよ。どのくらいの量が必要？

W: あとちょうど5枚で終えられるの。ありがとう。

1236 **slot** [slát | slɔ́t]	名 挿入口；細長い穴 動 を差し込む；はまる
1237 **hasty** [héisti]	形 急いだ；せわしい …→形 quick（速い）　形 hurried（あわただしい）
1238 **storage** [stɔ́:ridʒ]	名 保管，貯蔵 名 動 store（蓄え；を蓄える）
1239 **spare** [spéər]	形 予備の　動（時間・金など）をさく 名 予備品
1240 **quantity** [kwántəti | kwɔ́n-]	名 量；分量 ⇔名 quality（質）

273

WORDS 0001 0100 0200 0300 0400 0500 0600 0700 0800 0900 1000 1100 1200 1300 1400 1500

STORIES 121-130

見出し語
TOEIC® L&Rテストで必修の英単語·フレーズ1500語を掲載しました。

語義
見出し語の意味。例文に出てくる意味を中心に掲載しています。赤シートで隠して覚えることができます。

関連情報
…→：関連語
＝：類義語
⇔：反意語
無印：派生語

発音記号
音声は，アメリカで最もポピュラーな発音を収録しました。その他の発音は，発音記号を確認してください。

◆本書の学習方法

●会話文のストーリーで必修語彙をまとめて覚えられる

脳科学の研究によると，つながりのない単語の羅列を覚えるのは非常に難しいことがわかっています。しかし，本書は会話例文としてストーリーになっているので，非常に覚えやすい単語集であるといえます。

❶ まずは，会話文を読んでいきましょう。左ページが英文で，右ページが対訳になっているので，まずはストーリーを頭に入れていきます。頭の中で，その場面を思い浮かべても良いでしょう。イラストも参考にしてみてください。

❷ 次に，単語リストで，見出し語を覚えていきましょう。まずは 1 つ目の語義だけで構いません。1 つのストーリーに対して，見出し語は 10 語ずつあります。語義は赤シートで隠すことができます。

❸ 語義を覚えたら，会話文も赤シートで隠します。語義を覚えていればスラスラ読めるはずですが，忘れてしまっていても，ストーリーの流れから単語の意味を予想できるはずです。まだ記憶があやふやな単語は，しっかり復習しましょう。

❹ 見出し語のすべての意味と関連語・類義語・反意語・派生語も覚えていきましょう。本書の会話例文には，関連語・類義語・反意語・派生語もたくさん登場します。

❺ 音声を聞いて音読しましょう。TOEIC® L&R テストは，Listening と Reading の配点がそれぞれ同じ 495 点です。音声を聞いて音読することは，Listening の力を高めるのに非常に有効です。特に，オーストラリア人・イギリス人の英語は，日本人には聞き取りづらいと言われていますので，音声を繰り返し聞いてください。もちろん，音読は Reading の対策にも最適です。

●効果的な復習のタイミング

脳科学の研究によると，最も効果的な復習のタイミングは，

❶1回目…学習した翌日

❷2回目…その1週間後

❸3回目…そのまた2週間後

❹4回目…そのまた1ヶ月後

であると言われています。本書では，各STAGEの扉ページに，学習した日付を記入できるようにしました。100語ずつ，効率的に復習しましょう。

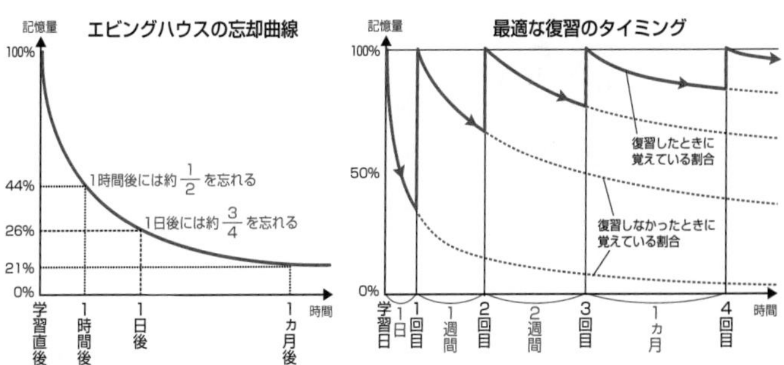

◆目次

◆音声について

英会話文・見出し語・語義の音声を聞くことができます。音声のダウンロード・再生方法は以下の３種類です。

❶ パソコンからダウンロードする方法

東進ブックス HP (http://www.toshin.com/books/) にアクセスしてください。本書の紹介ページから「書籍音声のダウンロードはこちらから」をクリックして，パスワード「TTML1500」を入力してください。mp3 形式の音声をダウンロードできます。スマートフォンやタブレットでのダウンロードはサポートしておりません。音声は，1500 語一括でダウンロード，300 語ずつ，100 語ずつ，それぞれお好みの方法でダウンロードできます。

❷ ストリーミングで再生する方法

スマートフォン，またはタブレットから，東進ブックス HP(http://www.toshin.com/books/) または右の QR コードにアクセスして，パスワード「TTML1500」を入力してください。
ストリーミング再生は，パケット通信量がかかります。
音声は，1500 語一括，300 語ずつ，100 語ずつ，
それぞれお好みの方法で再生できます。

❸ QR コードから直接聞く方法

P14 ～ 15 の目次にある，QR コードをスマートフォン，またはタブレットで読み取ってください。その STAGE の音声が流れます。パスワードは不要です。音声は STAGE 別300 語ずつのみとなります。

STAGE 1

▶STORY No.001-030 (30 stories)
▶WORD No.0001-0300 (300 words)

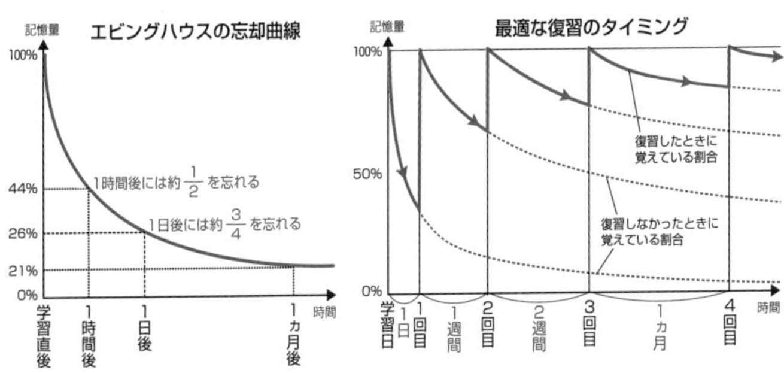

脳科学の研究によると，最も効果的な復習のタイミングは，

❶1回目…学習した翌日

❷2回目…その1週間後

❸3回目…そのまた2週間後

❹4回目…そのまた1カ月後

であると言われています。下の表に学習した日付を記入して，
忘れがちな英単語を効率的に復習していきましょう。

STORY WORD	学習日	1回目	2回目	3回目	4回目
No.001-010 No.0001-0100					
No.011-020 No.0101-0200					
No.021-030 No.0201-0300					

STORY 001 Job Interview

W: Hi, Joe. How did your job interview go?

M: Well, I was feeling confident. I had done a lot of research on the company. I was ready for questions about my background and accomplishments. But when I arrived, I knew I had made a mistake.

W: Why, did you forget your résumé?

M: No, I had carefully selected my clothes, a suit and tie. But the dress code was very different at this company. Nobody was wearing a suit or tie. I had to adapt quickly; I ran into the bathroom and took off my tie and jacket.

WORDS

0001	**interview** [íntərvjùː]	名 面接；会見　動 と面接をする ㊔ interviewee（面接を受ける者）
0002	**confident** [kɑ́nfədənt]	形 自信がある；確信している ㊔ confidence（信頼）　㊒ confidential（秘密の）
0003	**research** [risə́ːrtʃ, ríːsəːrtʃ]	名 研究　動（を）研究する，（を）調査する ㊔ researcher（研究員）
0004	**background** [bǽkgràund]	名 経歴；背景，原因 ⇔㊔ foreground（前景）
0005	**accomplishment** [əkɑ́mpliʃmənt]	名 業績；遂行，達成　＝㊔ achievement（達成） ㊍ accomplish（を成し遂げる）

001 就職面接

W：こんにちは，Joe。就職面接はどうだった？

M：うーん，自信はあったんだ。その会社についてかなり研究したしね。自分の経歴や業績についての質問にも備えていたんだ。でも，到着したとき，自分は間違っていたって気がついたんだ。

W：なぜ？　履歴書を忘れたの？

M：いや，僕は慎重に服，スーツとネクタイを選んだ。だけど，この会社の服装規定はかなり違っていた。誰もスーツやネクタイを身につけていなかったんだ。僕はすぐに適応しなきゃならなかった。トイレに駆け込んで，ネクタイと上着を脱いだよ。

0006 □	**mistake** [mistéik]	名 間違い；手違い，誤解　＝名 error（誤り） 動 を間違える
0007 □	**résumé** [rézəmèi]	名 履歴書；レジュメ，要約 ＝熟 curriculum vitae（履歴書，略 CV）
0008 □	**select** [silékt]	動（を）選ぶ　＝動 choose（を選ぶ） 形 選り抜きの
0009 □	**dress code**	熟 服装規定
0010 □	**adapt** [ədǽpt]	動 適応する；を適応させる 形 adaptable（融通のきく）　名 adaptation（順応）

STORY 002 Introductions

M: Good morning and welcome to our offices. I'm Michael Collins, and I'm the sales manager.

W: It's a pleasure to meet you, Mr. Collins. I'm Johanna Myers.

M: Please call me Michael. I hope your trip here went smoothly, Johanna. Sometimes the traffic is challenging in the morning.

W: Yes, thank you. My friend recommended taking a shuttle from the airport.

M: Good idea; that way you could relax and enjoy sightseeing on the way in.

W: Yes, it was much less stressful than driving in an unfamiliar city.

WORDS

0011 □ **manager** [mǽnidʒər]
名 部長；(家計を)やりくりする人；監督
動 manage (を経営する)

0012 □ **pleasure** [pléʒər]
名 嬉[楽]しいこと；喜び；娯楽
⇔名 displeasure (不快) …→名 delight (大喜び)

0013 □ **smoothly** [smú:ðli]
副 順調に；なめらかに
形 smooth (なめらかな)

0014 □ **challenging** [tʃǽlindʒiŋ]
形 大変な；やりがいのある
名 動 challenge (課題：に挑む)

0015 □ **recommend** [rèkəménd]
動 を推奨する，〖recommend *doing*〗～することを勧める 名 recommendation (推薦)

002 紹介

M：おはようございます，私どものオフィスへようこそお越しくださいました。私は Michael Collins と申します，営業部長をしております。

W：お会いできて嬉しいです，Collins さん。Johanna Myers と申します。

M：私のことは Michael とお呼びください。Johanna，ここまで順調にお越しになったなら良いのですが。朝は行き来が大変なことがありますからね。

W：ええ，ありがとうございます。友人が空港から定期往復便を使うように勧めてくれましてね。

M：いい考えですね。それならくつろいで，ここまでの見物を楽しめたでしょう。

W：ええ，慣れない町で車を運転するよりずっとストレスが少なかったです。

0016 □ **shuttle** [ʃʌ́tl]	名 **定期往復便，シャトルバス；折り返し運転** 動 **左右に動く，往復する**
0017 □ **relax** [rilǽks]	動 **くつろぐ；をくつろがせる；をゆるめる** 名 relaxation（くつろぎ）
0018 □ **sightseeing** [sáitsìːiŋ]	名 **見物，観光** 名 sight（視力）
0019 □ **stressful** [strésfəl]	形 **ストレスが多い** 名 動 stress（緊張；を強調する）
0020 □ **unfamiliar** [ʌ̀nfəmíljər]	形 **慣れていない；未知の** ⇔ 形 familiar（よく知られた）

STORY 003 Recruitment Challenges

M1: Recruiting top engineers in these competitive times is very difficult. Many companies have found their first job offer wasn't adequate.

W: Yes, we have added benefits to attract the best candidates. We now offer free bus travel into the city.

M2: That's a great benefit. It makes the travel more convenient and accessible.

W: Another benefit is that workers can read and do work on their way to the office.

M2: It seems that adding this benefit has actually been very good for your company.

W: Yes, it has really made a difference.

WORDS

0021 □ **recruit** [rikrúːt]	動 を採用する　名 新兵；新入社員 名 recruitment（新会員の募集）
0022 □ **competitive** [kəmpétətiv]	形 競争の激しい；競争力のある；競争好きな 動 compete（競争する）　名 competitor（競争相手）
0023 □ **offer** [ɔ́ːfər]	名 オファー；提案　動 を提供する；申し出る ＝名 proposal（提案，〔結婚の〕申し込み）
0024 □ **adequate** [ǽdikwət]	形 適切な；十分な　…▸形 enough（十分な） ⇔形 inadequate（不適当な）
0025 □ **benefit** [bénəfit]	名 メリット，利益　動 の利益になる；利益を得る　…▸名 動 profit（利益；〔に〕役立つ）

□engineer（エンジニア）☞No.1014

003 人材募集の課題

M1: この競争の激しい時代にトップのエンジニアを採用するのは非常に難しいです。最初の求人が適切ではなかったと多くの企業が感じています。

W: そうですね，私たちは最良の志願者を引きつけるためにメリットを加えました。今では町への無料バスを提供しています。

M2: それは大きなメリットですね。移動をより便利で手軽にしますから。

W: それによるメリットは，従業員がオフィスに向かう間に読書や仕事ができることです。

M2: このメリットを加えたことはあなたの会社にとって，現にとても良いことだったようですね。

W: ええ，本当に良くなっています。

0026 □ **attract** [ətrǽkt]	動 を引きつける；(注意・興味など)を引く 名 attraction (魅力)　形 attractive (魅力的な)
0027 □ **candidate** [kǽndidèit, -dət]	名 志願者；立候補者 名 candidacy (立候補)
0028 □ **convenient** [kənvíːnjənt]	形 便利な；都合の良い　⇔ 形 inconvenient (不便な) 名 convenience (便利さ)
0029 □ **accessible** [æksésəbl]	形 手軽な；接近できる 名 動 access (接近方法；に接続する)
0030 □ **actually** [ǽktʃuəli]	副 現に；本当のところは；実は 形 actual (実際の)

STORY 004 On the Job Training

W: Good afternoon. This meeting is about our new regional training program. Our company has completed an analysis of worker efficiency.

M: We found that some workers need to build up their computer skills. Otherwise, they may fall behind their co-workers.

W: The CEO has approved the budget for this training. The training will last eight weeks. We plan to start the training next Monday. Please let us know if you have any questions.

WORDS

0031 ☐ **regional** [rí:dʒənl]	形 地域の 名 region（地域）
0032 ☐ **analysis** [ənǽləsis]	名 分析；検討，解析 ⇔ 名 synthesis（総合） 動 analyze（を分析する）
0033 ☐ **efficiency** [ifíʃənsi]	名 能率；効率，仕事率 形 efficient（効率の良い）
0034 ☐ **build up**	熟 を高［強］める；増大する；（交通量が）増える
0035 ☐ **skill** [skíl]	名 スキル；熟練，腕前 形 skillful（熟練した）

☐ complete（を完成させる）☞No.0798

004 OJT

W: こんにちは。この会議は我々の新しい地域研修プログラムに関するものです。我が社は従業員の能率分析を終えました。

M: コンピュータースキルを高める必要のある従業員が多少いることがわかりました。さもなくば，彼らは同僚に後れをとってしまうでしょう。

W: CEO はこの研修のための予算を承認しました。研修は8週間続きます。次の月曜日から研修を開始する予定です。何か質問がございましたら，私どもにお知らせください。

0036 □ **otherwise** [ʌ́ðərwàiz]	副 さもなくば；別のやり方で 形 ほかの，異なった
0037 □ **fall behind**	熟 後れをとる；遅れる；滞納する，滞らせる
0038 □ **approve** [əprúːv]	動 を承認する；〖approve (of *A*)〗(*A* に) 賛成する 名 approval（承認）　⇔ 動 disapprove（〔に〕賛成しない）
0039 □ **budget** [bʌ́dʒit]	名 予算；経費，生活費　動 予算を立てる 形 割安の
0040 □ **last** [lǽst]	動 続く；（努力・状況などが）継続する；（物が）長持ちする　形 lasting（永続的な）

STORY 005 The Promotion

M: Thank you for meeting with me today. I have good news. We are planning to promote you to supervisor.

W: Thank you very much. I am honored.

M: We've seen what you have achieved in your current position. We believe we can count on you in this new role. You will be responsible for ten workers.

W: Again, I am honored that you consider me trustworthy. I will work hard in my new position.

WORDS

0041	**promote** [prəmóut]	動 を昇進させる；を促進する；の販売を促進する　名 promotion（昇進）
0042	**supervisor** [súːpərvàizər]	名 管理者，監督者
0043	**honor** [ánər]	動 に栄誉を授ける；〖be honored〗光栄に思う 名 名誉；光栄　形 honorable（尊敬すべき）
0044	**achieve** [ətʃíːv]	動 を達成する，を成し遂げる 名 achievement（業績）
0045	**current** [kɔ́ːrənt]	形 現在の；通用している　＝形 present（現在の） 名（川・空気などの）流れ；電流

005 昇進

M：本日はお時間をいただきありがとうございます。良いお知らせがあります。私たちはあなたを管理者に昇進させるつもりです。

W：ありがとうございます。光栄です。

M：あなたが現在の役職で達成してきたことを見てきました。この新しい役割でもあなたに期待できると信じています。あなたは 10 人の従業員の責任を負うことになります。

W：重ねて，あなた方が私を信頼に値すると考えてくださることを光栄に思います。新たな役職でも一生懸命働くつもりです。

0046 **position** [pəzíʃən]	名 役職；位置；情勢 ⋯→ 名 job（職） 動 を置く，の位置を定める
0047 **count on *A***	熟 *A* に期待する，*A* を頼りにする ＝ 熟 depend on *A*（*A* に頼る）
0048 **role** [róul]	名 役割；役
0049 **responsible** [rispɑ́nsəbl]	形 責任を負った；信頼できる；原因である 名 responsibility（責任） ⇔ 形 irresponsible（無責任な）
0050 **trustworthy** [trʌ́stwə̀ːrði]	形 信頼に値する ⇔ 形 untrustworthy（信頼できない）

STORY 006 The New Job

W: I am a little nervous about this new job.

M1: Well, I'd be happy to go over some of the procedures here. I remember being anxious on my first day too.

W: Thanks, Jay. I would really appreciate your help.

M2: You're probably not accustomed to using some of our online tools. I'd be happy to run through some of them with you.

W: I will take notes, so I can review them. That will make it easier for me to absorb the information.

M1: There's a lot of new information to acquire at first.

M2: Well, you have a great attitude; you'll do well here.

WORDS

0051 □	**nervous** [nə́ːrvəs]	形 心配である；神経質な；神経の 名 nerve（神経）
0052 □	**go over** *A*	熟 *A* を復習する；*A* を渡る；*A* を（綿密に）調べる
0053 □	**procedure** [prəsíːdʒər]	名 やり方，手順；正式な手続き 動 proceed（続ける，進む）
0054 □	**anxious** [ǽŋkʃəs]	形 不安である；〚be anxious to *do*〛～したいと切望する　名 anxiety（心配）
0055 □	**appreciate** [əpríːʃièit]	動 を感謝する；を正しく理解する；の価値を認める　名 appreciation（鑑賞〔力〕，十分な理解）

□ review（を復習する）☞No.0726

006 新しい仕事

W: この新しい仕事が少し心配です。

M1: そうですね，ここでやり方をいくつか復習しましょうか。私も初日に不安になったことを覚えています。

W: ありがとう，Jay。助けていただいて本当に感謝します。

M2: おそらくあなたは私たちのオンラインツールを使うことに慣れていないんでしょうね。ツールのいくつかを一緒にざっとやってみましょうか。

W: 復習できるようにメモをとりますね。情報を吸収するのがより容易になるでしょうから。

M1: 最初は学ぶべき新しい情報がたくさんありますからね。

M2: ええ，素晴らしい心がけをお持ちですね。ここでうまくやっていけるでしょう。

0056 ☐ **accustom** [əkʌ́stəm]	動 を慣れさせる
0057 ☐ **run through** *A*	熟 *A* をざっとやってみる，*A* をざっと読む
0058 ☐ **absorb** [æbsɔ́ːrb]	動 (知識・水など) を吸収する；を夢中にさせる
0059 ☐ **acquire** [əkwáiər]	動 を学ぶ，を身につける；を獲得する ㊔ acquisition (獲得)
0060 ☐ **attitude** [ǽtitjùːd]	名 心がけ，態度

STORY 007 The Meeting

M: Today, we'll tackle the first item on the agenda, our newest account.

W1: They want us to create an advertisement for their new product. We are excited to have this new account. We want this advertisement to be original, not a copy.

W2: We are going to break out into small groups of four. Groups will describe the product in ten words or less. Please use different language from any earlier product descriptions.

M: You will have thirty minutes to work on this. After that, each group will make a short presentation. We will choose the best one to present to our customer.

WORDS

0061 □ **tackle** [tǽkl]	動 に取り組む；(に)タックルする ＝熟 deal with (を処理する，を扱う)
0062 □ **item** [áitəm]	名 (表・新聞記事などの)項目；商品
0063 □ **agenda** [ədʒéndə]	名 議題，協議事項；(業務の)予定表
0064 □ **account** [əkáunt]	名 取引先；口座；請求書　動 〖account for〗を占める；を説明する　形 accountable (責任がある)
0065 □ **create** [kriéit]	動 を作成する，を創造する 名 creation (創造)　形 creative (創造的な)

□ customer (顧客) ☞No.1374

007 会議

M：本日は，議題の最初の項目である，我々の最新の取引先について取り組みます。

W1：取引先は我々が彼らの新商品の広告を作成することを望んでいます。我々はこの新たな取引先を獲得したことにわくわくしています。この広告は，模倣ではなく，独創的なものにしたいと考えています。

W2：我々は4つの小さなグループに分かれます。グループは 10 語以内で商品を説明します。以前の商品説明とは違う言葉を使ってください。

M：あなた方は30 分間でこれに取り組みます。その後，各グループは短い発表をします。我々は，最も良いものを選んで顧客に提案します。

0066 □ **advertisement** [ǽdvərtáizmənt]	名 **広告；好例，見本** 略 ad 動 advertise（〔を〕宣伝する）
0067 □ **product** [prάdʌkt]	名 **商品，製品，生産物** 名 production（生産） 名 productivity（生産性〔力〕）
0068 □ **original** [ərídʒənl]	形 **独創的な；最初の；原文の** 名 **原物；原作** 名 origin（起源） 副 originally（もとは）
0069 □ **break out**	熟（突然…の状態に）**なる；急に発生する**
0070 □ **describe** [diskráib]	動 を**説明する，**の**特徴を述べる；**を**描く** 名 description（記述，説明〔書〕）

□ work on（に取り組む）☞No.0460

STORY 008 Customer Survey

M1: Let's review the results of our recent customer survey. Overall, the results are very positive. Seventy percent of customers gave us an outstanding rating.

W: However, thirty percent gave us an average rating. Your department is in charge of reaching out to this group. You have three months to complete this work. We want to receive your report by March first.

M2: We know customer satisfaction is important to our company. We'll work hard to get more information. Then we can learn how to boost these customer ratings.

WORDS

0071 □ **result** [rizʌ́lt]	名 結果；成績　動 結果として生じる；(に)終わる　⇔名 動 cause (原因；を引き起こす)
0072 □ **recent** [ríːsnt]	形 最近の 副 recently (最近)
0073 □ **survey** 名[sə́ːrvei] 動[sərvéi]	名 調査；概観；測量 動 を調査する；を概観する
0074 □ **overall** 副[òuvərɔ́ːl] 形[óuvərɔ̀ːl]	副 全体的に；全部で，総合で 形 総合の
0075 □ **outstanding** [àutstǽndiŋ]	形 きわめて優れた，傑出した；目立った；未解決の

□ department (部署) ☞No.0185

008 顧客調査

M1: 最近の顧客調査の結果を概観しましょう。全体的に，結果は非常に好意的です。70 パーセントの顧客が私たちにきわめて優れた評価を与えていました。

W: しかしながら，30 パーセントの顧客は私たちに平均的な評価を与えていました。あなたの部署はこのグループに連絡を取ることを担当しています。この仕事を完了するのに3カ月あります。3月1日までにあなたの報告書を受け取りたく思います。

M2: 顧客の満足が我が社にとって重要であることは理解しています。より多くの情報を得るために努力します。そうすれば，これらの顧客の評価を高めるにはどうすれば良いか学ぶことができます。

0076 □ **rating** [réitiŋ]	名 評価；格付け；(番組の) 人気度，視聴率 名 動 rate (速度；を評価する)
0077 □ **average** [ǽvəridʒ]	形 平均的な　名 平均；標準 動 平均すると～となる
0078 □ **in charge of *A***	熟 *A* を担当して；*A* を世話して
0079 □ **reach out to *A***	熟 *A* に連絡を取る；*A* に援助の手を差し伸べる
0080 □ **boost** [bú:st]	動 を高める；(景気など) を回復させる　名 (物価などの) 上昇　名 booster (〔士気などを〕高めるもの)

STORY 009 Language Training

M: I just signed up for a Spanish language training class. I want to reduce my accent.

W: That sounds like a good goal. Where is the class being held?

M: Our company is sponsoring the class. It will be held in a large meeting room on the first floor.

W: If the company is sponsoring it, perhaps I will accompany you. I'd like to improve my Spanish for business.

M: It would be great if we both attend the class. We could practice Spanish when we break for lunch.

W: That's a great idea.

WORDS

0081	**sign up**	熟 申し込む；受講登録をする ＝動 enroll（〔を〕登録する，入会［学］する）
0082	**reduce** [ridjú:s]	動 を減らす，を減少させる 名 reduction（減少）
0083	**accent** [ǽksent]	名 訛り；アクセント，（単語の）強勢；重点 …→名 dialect（方言）　動 を目立たせる
0084	**sponsor** [spánsər]	動 に出資する；を支援する　名 スポンサー；出資者　名 sponsorship（資金援助）
0085	**perhaps** [pərhǽps]	副 たぶん；ひょっとしたら

009 語学研修

M：ちょうど今スペイン語の研修の授業に申し込んだよ。訛りを減らしたいんだ。

W：それは良い目標ね。どこでその授業は開かれているの？

M：僕たちの会社はその授業に出資しているんだ。授業は１階の大会議室で開かれるよ。

W：もし会社が出資しているなら，たぶん私はあなたについていくわよ。ビジネスのためにスペイン語の力を伸ばしたいの。

M：僕ら両方とも授業に参加したらとても良いね。昼に休憩するとき，スペイン語を練習できるよ。

W：それはとても良い考えね。

0086 □ **accompany** [əkʌ́mpəni]	動 **についていく；に付随して起こる** ＝熟 go[come] with *A*（*A* に同行する）
0087 □ **improve** [imprúːv]	動（技術・能力など）**を伸ばす；を改良する** 名 improvement（改善）　…›動 upgrade（を改良する）
0088 □ **attend** [əténd]	動（に）**参加する，**（に）**出席する；に伴って起こる**　名 attendance（出席）
0089 □ **practice** [prǽktis]	動（を）**練習する；**（を）**実行する**　名 **練習；実行；**（社会・宗教上の）**慣例**　熟 in practice（実際には）
0090 □ **break** [bréik]	動 **休憩する，中断する；を壊す**　名 **休憩** …›動 destroy（を破壊する）　動 demolish（を取り壊す）

0200 0300 0400 0500 0600 0700 0800 0900 1000 1100 1200 1300 1400 1500

STORY 010 The Company Party

W: My boss asked me to find a place to host our annual company party. It needs to accommodate over 1,000 people.

M1: Have you had any luck booking anything, Agatha?

W: I haven't found anything yet. Some places can't host that many people at a time. Other places won't let me reserve anything until next year.

M2: Companies usually plan their events a year in advance. I have a cousin who is an event planner. She might be able to look around for you.

W: How much would she charge?

M2: She might do it as a favor at no charge.

WORDS

0091	**host** [hóust]	動 を開く，を主催する 名 主人，主催者 名 hostess（〔女〕主人〔役〕） ⇔名 guest（客）
0092	**annual** [ǽnjuəl]	形 年次の，年1回の；1年間の 名 年報 ＝形 yearly（年1度の）
0093	**accommodate** [əkɑ́mədèit]	動 を収容する，の場所がある；を受け入れる 名 accommodation（宿泊施設，和解）
0094	**book** [búk]	動 （を）予約する ＝動 reserve（を予約する） 名 本
0095	**at a time**	熟 一度に；続けざまに

010 会社のパーティー

W: 上司に社の年次パーティーを開く場所を見つけるように頼まれたわ。1,000 人を超える人を収容する必要があるの。

M1: どこかうまく予約できた，Agatha ?

W: まだどこも見つけられていないわ。一度にそれほど大勢の人を収容できない場所もあるの。来年まで予約させてくれない場所もあるわ。

M2: 企業はたいてい 1 年前にイベントを計画するよね。イベント・プランナーをしているいとこがいるんだ。彼女は君のために探すことができるかもしれない。

W: 彼女はいくら請求するかしら？

M2: 好意で無報酬でやってくれるかもね。

0096 □	**reserve** [rizə́:rv]	動 を予約する；をとっておく 名 蓄え，保護区　㊔ reservation（予約）
0097 □	**in advance**	熟 ～前に；前もって，あらかじめ …→形 advanced（進歩した）　動 advance（前進する）
0098 □	**look around**	熟 探す；見回す ＝熟 look about（見回す）
0099 □	**charge** [tʃɑ́:rdʒ]	動 を請求する；を課す；〘charge *A* with *B*〙*A* を *B* で非難する　名 料金；責任
0100 □	**favor** [féivər]	名 好意；親切な行為；支持　…→名 approval（是認） 動 に賛成する；をひいきする

STORY 011 Climate Change and Property

M1: Climate change is altering the business of our property company.

W: We advise clients who want to buy coastal property. We want our clients to be happy with us. We suggest working with an architect to prevent problems. Rising sea levels may need to be part of their plans.

M2: Preventing problems is always less expensive than fixing them. People can save millions with careful planning.

W: Yes, you can often prevent the collapse of a new house. The key is to build it farther back from the water. Thinking twenty years ahead is important when buying coastal property.

WORDS

0101 □ **climate** [kláimit]	名 気候 ···› 名 weather (天候) 形 climatic (気候の)
0102 □ **alter** [ɔ́:ltər]	動 を変える；変わる 動 alternate (を交互にする，交互に起こる)
0103 □ **property** [prάpərti | prɔ́p-]	名 不動産；財産 ＝熟 real estate (不動産) 形 proper (適切な)
0104 □ **advise** [ædváiz, əd-]	動 (に)忠告する，(に)助言する 名 advice (助言) 名 adviser (助言者)
0105 □ **client** [kláiənt]	名 顧客；依頼人 ···› 名 customer (客)

□ fix (を解決する) ☞No.0538

011 気候変動と不動産

M1：気候変動は我々不動産会社のビジネスを変えています。

W：沿岸の物件の購入を望んでいるお客様には忠告をしています。お客様には私たちに満足してほしいですから。問題を防ぐために建築家と連携することをお勧めします。海面の上昇は彼らの計画の一部としておく必要があるでしょう。

M2：通常，問題を防止することの方が，問題を解決することよりも費用を抑えられます。注意深く計画することで，何百万も節約できます。

W：ええ，新しい家が倒壊するのを防ぐこともしばしば可能です。水面からさらに離して家を建てることが肝要です。沿岸の不動産を購入するときは 20 年先を考えることが大切です。

0106 □ **coastal** [kóustəl]	形 **沿岸の** 名 coast（沿岸）
0107 □ **suggest** [səgdʒést | səd-]	動 **を勧める；を提案する；を示す** 名 suggestion（提案）　…→動 propose（を提案する）
0108 □ **architect** [ɑ́ːrkətèkt]	名 **建築家** 名 architecture（建築〔様式〕）
0109 □ **prevent** [privént]	動 **を防ぐ；**〖prevent *A* (from) *doing*〗*A* **が～するのを妨げる**　名 prevention（予防，防止）
0110 □ **collapse** [kəlǽps]	名 **倒壊；崩壊** 動 **崩壊する；失敗する**

□ ahead（先へ）☞No.0288

STORY 012 The Copper Mine

W: Our company took on an abandoned copper mine. This is a new venture for us.

M1: It required hiring more personnel and investing capital. However, we were able to get the mine at a bargain price.

M2: So far, this has been a good investment for us.

W: We've hired a director for this project. We are happy with his work so far.

M1: He's had a lot of experience in mining, hasn't he?

W: Yes, he's worked in this area for over twenty years.

WORDS

0111 □ **take on** *A*
熟 *A* を引き受ける；*A* を乗せる

0112 □ **abandoned** [əbǽndənd]
形 今は使われていない，捨てられた
動 abandon（を見捨てる，を〔中途で〕やめる）

0113 □ **copper** [kɑ́pər | kɔ́pə]
名 銅　動 を銅で覆う
…→名 動 bronze（青銅；を青銅色にする）

0114 □ **venture** [véntʃər]
名 冒険的事業　…→名 adventure（冒険）
動（事業などに）着手する；を危険にさらす

0115 □ **require** [rikwáiər]
動 を必要とする；を要求する
名 requirement（必要なもの）

□ mine（鉱山）☞No.1243　□ hire（を雇う）☞No.0968

012 銅山

W: 我が社は今は使われていない銅山を引き受けました。これは我々にとって新たな冒険的事業です。

M1: これにはより多くの職員を雇い，資本を投資することが必要でした。しかしながら，我々は安い値段でその銅山を手に入れることができました。

M2: これまでのところ，これは我々にとって良い投資でした。

W: 私たちはこのプロジェクトのために管理責任者を雇いました。これまでのところ，我々は彼の働きに満足しています。

M1: 彼は鉱山業に多くの経験があるのですね？

W: ええ，彼はこの分野で 20 年以上働いてきました。

0116	**personnel** [pə̀ːrsənél]	名 職員；人事課
0117	**invest** [invést]	動 (を)投資する 名 investment (投資すること)
0118	**capital** [kǽpətl]	名 資本；首都　名 capitalism (資本主義) 形 主要な；大文字の　＝形 principal (主要な)
0119	**bargain** [bɑ́ːrgən]	名 安売りの品；契約 動 (売買)契約する；を交渉して決める
0120	**director** [diréktər | dai-]	名 管理責任者；監督；取締役 形 動 副 direct (直接の；〔を〕指導する；まっすぐに)

□ project (プロジェクト) ☞No.0021

STORY 013 New Building Project

M: Our company is starting a new building project. We're constructing a large apartment complex.

W: What is the capacity for the complex and when will it be finished?

M: It will house up to 1,500 people. We are not in a hurry. We should be finished by June of next year.

W: I look forward to checking it out. My family is growing and we are looking for a bigger apartment. I hope we will be able to afford it.

M: They should be affordable. The pricing will be aggressive and they should sell out quickly.

WORDS

0121	**project** 名[prɑ́dʒekt | prɔ́dʒ-] 動[prədʒékt]	名 プロジェクト，計画　動 を見積もる …→名 動 plan（計画；〔の〕計画を立てる）
0122	**construct** [kənstrʌ́kt]	動 を建設する；を組み立てる 名 construction（建設）　形 constructive（建設的な）
0123	**complex** 名[kɑ́mpleks | kɔ́m-] 動[kɑmpléks]	名 複合施設，総合ビル　…→名 mansion（大邸宅） 形 複合的な　動 を複雑にする
0124	**capacity** [kəpǽsəti]	名 定員，収容力；(潜在的な)能力　…→名 ability（能力） 形 capacious（収容力の大きい）
0125	**in a hurry**	熟 急いで

013 新しい建設プロジェクト

M：僕たちの会社は新たな建設プロジェクトを始めているんだ。僕たちは大きな複合マンションを建設しているんだ。

W：そのマンションの定員はどのくらいで，いつ建設は終わるの？

M：マンションは，最大で 1500 人が住む場所を提供することになるよ。僕たちは急いではいない。来年の6月までには終わるはずだよ。

W：それを検討するのを楽しみにしているわ。私の家族が増えてきて，より大きなマンションを探しているところなの。私たちに買えるといいな。

M：手頃な価格のはずだよ。価格設定は積極果敢だから，すぐに売り切れるはずだ。

0126 □	**look forward to *A***	熟 *A* を楽しみにしている …→動 anticipate（を予期する）
0127 □	**check *A* out**	熟 *A* を検討する
0128 □	**afford** [əfɔ́ːrd]	動 を買う余裕がある 形 affordable（手頃な）
0129 □	**aggressive** [əgrésiv]	形 積極的な，押しの強い；攻撃的な
0130 □	**sell out**	熟 売り切れる；を売り尽くす

STORY 014 Rush to the Office

W: Hi, Ted. How are you doing today?

M: Not great, I overslept and had to race to catch my train.

W: Did you forget to set your alarm?

M: Yes, I was up late last night and I just forgot. I have a deadline today to get the newsletter out.

W: When were you assigned the newsletter?

M: I got that assignment last month. It was when you were also asked to put together the new brochure.

W: Do you think you'll be able to meet the newsletter deadline?

M: I assembled most of the stories beforehand, so it should go quickly.

WORDS

0131 **oversleep** [òuvərslíːp]
動 寝過ごす

0132 **race** [réis]
動 急いで行く；(と)競争する
名 競走；競争

0133 **alarm** [əláːrm]
名 目覚まし時計；恐怖；警報
動 を心配させる　形 alarming（不安を感じさせる）

0134 **deadline** [dédlàin]
名 締め切り

0135 **newsletter** [njúːzlètər | njúːz-]
名 社報，会報
…→ 名 bulletin（公報，会報）

014 オフィスに駆け込む

W: どうも，Ted。今日は調子はどう？

M: あんまり良くないな，寝過ごして，それで電車に間に合うように大急ぎで走らなきゃならなかったよ。

W: 目覚まし時計をセットするのを忘れたの？

M: そうなんだ，昨晩は夜更かししたから，目覚ましをセットするのを忘れたんだ。今日は社報を発行する締め切りなんだよ。

W: いつ社報を割り当てられたの？

M: 先月その業務が与えられたんだ。君にも新しいパンフレットを編集するように言われたときだよ。

W: 社報の締め切りに間に合わせられると思う？

M: 前もってほとんどの話をまとめておいたから，すぐに進むはずだよ。

0136 □ **assign** [əsáin]	動 を割り当てる；を就かせる 名 assignment（割り当てられた仕事）
0137 □ **put together** *A*	熟 *A* を編集する；*A* を組み立てる
0138 □ **brochure** [brouʃúər | bróuʃə, bráuʃuə]	名 パンフレット，小冊子 …→名 pamphlet（パンフレット）　名 booklet（小冊子）
0139 □ **assemble** [əsémbl]	動 をまとめる，を組み立てる；を集める …→動 gather（を集める，集まる）　名 assembly（議会）
0140 □ **beforehand** [bifɔ́ːrhæ̀nd]	副 形 前もって ⇔副 afterward（その後で）

STORY 015 Vacation

W1: Hi, Chris. Where did you go on vacation this year?

M: We went to the rainforest in Costa Rica.

W2: A colleague visited the rainforest in Brazil two years ago. He said the trip exceeded his expectations.

M: We had high expectations for our trip, and we weren't disappointed.

W1: Was it very humid in the rainforest?

M: Yes, the humidity is high and everything is very green. We had a great guide; he was very knowledgeable about the ecosystem.

W2: Did you encounter any endangered animals?

M: Our guide showed us a poison dart frog, which is endangered. We enjoyed learning about the animals that inhabit the rainforest.

WORDS

0141	**colleague** [kάli:g | kɔ́l-]	名 同僚 …→名 co-worker（同僚）
0142	**exceed** [iksí:d]	動 を上回る；を超える 名 形 excess（超過；余分の）
0143	**expectation** [èkspektéiʃən]	名 期待；予想 ＝名 anticipation（期待） 動 expect（を予期する）
0144	**disappointed** [dìsəpɔ́intid]	形 がっかりした，失望した 動 disappoint（を失望させる）
0145	**humid** [*h*jú:mid | hjú:-]	形 湿気が多い …→形 damp（湿っぽい） 名 humidity（湿度）

語注：poison dart frog「ヤドクガエル」

015 休暇

W1：やあ，Chris。今年の休みはどこに行ったの？

M：僕らはコスタリカの熱帯雨林に行ったよ。

W2：2年前に同僚がブラジルの熱帯雨林に行っていたよ。旅行は期待以上だったと彼は言っていたわ。

M：僕らは旅行にかなり期待していて，がっかりはしなかったよ。

W1：熱帯雨林はとても湿気が多かった？

M：うん，湿度が高くてすべてのものがとても緑だった。案内人がとても良くて，彼は生態系についてとても詳しかったんだ。

W2：絶滅危惧種の動物には遭遇した？

M：案内人は僕らに，絶滅危惧種のヤドクガエルを見せてくれたよ。僕らは熱帯雨林に生息する動物について楽しく学んだよ。

0146 □ **knowledgeable** [nálidʒəbl | nɔ́l-]	形 **詳しい，精通している** ＝熟 be familiar with（に精通している）
0147 □ **ecosystem** [íːkousìstəm, ék-]	名 **生態系**
0148 □ **encounter** [inkáuntər]	動 **に遭遇する；に出会う**　名 **遭遇；出会い** ＝熟 come across *A*（*A* に〔偶然〕出くわす）
0149 □ **endangered** [indéindʒərd]	形 **絶滅危惧種の；絶滅の危険にさらされた**
0150 □ **inhabit** [inhǽbit]	動 **に生息する；に居住する** 名 inhabitant（住民）

STORY 016 The Deal

W: I notice you purchased a new car. How do you like it?

M: We are very happy with it. We looked at a lot of different vehicles. We negotiated with the salesperson and received several upgrades on this car.

W: Was the price very steep?

M: Not really. They gave us a pretty good discount to close the deal. It worked out well for us. It was even available in silver, which was the color we wanted.

WORDS

0151 □	**notice** [nóutis]	動（に）気づく　名 注目；通知；警告 ㊍ notify（に通知する）
0152 □	**purchase** [pə́:rtʃəs]	動 を買う 名 購入
0153 □	**vehicle** [ví:əkl, ví:hi- | ví:i-]	名 車，乗り物
0154 □	**negotiate** [nigóuʃièit]	動 交渉する；を取り決める ㊔ negotiation（交渉）
0155 □	**several** [sévərəl]	形 いくつかの　…→㊑ a few（いくらかの） 代 いくつか

□deal（取引）☞No.1301

016 取引

W: あなたが新しい車を買ったのに気がつきましたよ。車は気に入りましたか？

M: とても満足していますよ。僕たちはたくさんの車種を検討しました。販売員と交渉してこの車のいくつかの性能を高めてもらったんです。

W: 値段はかなり高かったのですか？

M: そうでもないですよ。取引をまとめるために，彼らはとても良い割引をしてくれましたから。僕たちにとってはうまくいきました。僕たちの欲しい色だったシルバーも入手可能でした。

0156 □ **upgrade** 名[ʌ́pgrèid, ‒́‒̀] 動[ʌ̀pgréid, ‒̀‒́]	名 性能の向上，改良 動 (を)アップグレードする；(を)格上げする
0157 □ **steep** [stíːp]	形 (値段が)かなり高い，法外な；(坂などが)急な ＝形 unreasonable (〔値段が〕法外な)
0158 □ **discount** 名[dískaunt] 動[dískaunt, ‒‒́]	名 割引 動 (を)割り引く
0159 □ **work out**	熟 うまくいく；という結果になる
0160 □ **available** [əvéiləbl]	形 入手可能な；利用できる ⇔形 unavailable (入手できない)

STORY 017 Changes in the Workforce

M: I heard a rumor that our company will be cutting back on the workforce.

W: I heard that rumor too. However, I also heard that they're planning to retain all the people in finance.

M: Well, I hope that is true. If I get laid off, I will have trouble paying for my son's college costs.

W: It would be difficult for me too. I was planning to retire in three years. Getting laid off would affect my pension.

WORDS

0161	**rumor** [rú:mər]	名 噂 動 の噂をする
0162	**cut back**	熟 (を)削減する
0163	**workforce** [wə́:rkfɔ̀:rs]	名 従業員(数);労働人口 ＝熟 labor force (労働人口)
0164	**retain** [ritéin]	動 を記憶にとどめる, を保つ
0165	**finance** 名[fáinæns] 動[fənǽns, fáinæns, ‒́‒]	名 財務;財政状況 動 に資金を融通する 形 financial (財政上の)

017 労働力の変化

M：私たちの会社が従業員数を削減するという噂を聞いたのですが。

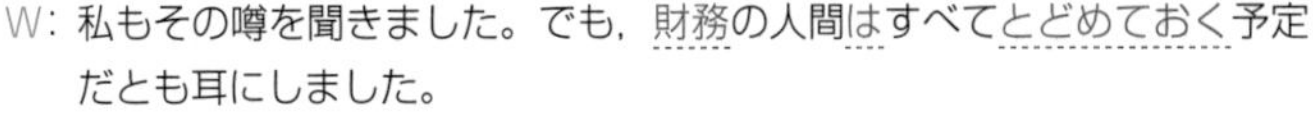

W：私もその噂を聞きました。でも，財務の人間はすべてとどめておく予定だとも耳にしました。

M：ええ，それが本当だといいのですが。もし解雇されたら，私は息子の大学の学費を払うのに苦労するでしょう。

W：私にとってもそれは大変になるでしょうね。私は３年後に退職しようかと考えていました。解雇されるのは私の年金に影響するでしょうから。

0166 □ **lay off**	熟 **を解雇する** ＝動 fire（をくびにする）
0167 □ **trouble** [trʌ́bl]	名 **苦労；困難；故障**　動 **を悩ます；に面倒をかける**　…→名 動 bother（面倒；に心配をかける）
0168 □ **retire** [ritáiər]	動 **退職する；を解職する**　名 retirement（退職） …→動 resign（〔を〕辞職する）
0169 □ **affect** 動[əfékt] 名[ǽfekt]	動 **に影響する**　名 **感情**　名 affection（愛情） …→動 名 influence（に影響を及ぼす；影響）
0170 □ **pension** [pénʃən]	名 **年金** 動 **に年金を与える**

STORY 018 Rapid Transit

M1: Did you read about the updates the Rapid Transit Agency has planned?

W: Yes, their updates will make a tremendous difference for me. It will cut thirty minutes off the time I spend on the train.

M2: Do you know what their timeline is?

W: I think they plan to be finished by the end of next year, but I would plan on some delays. Does anyone know how much it will cost?

M1: I think it will be in the range of twenty to thirty million. It sounds like a lot of money, but it's reasonable for the updates.

WORDS

0171	**update** 名[ʌ́pdèit] 動[ʌ̀pdéit]	名 アップデート；最新情報 動 を最新のものにする；をアップデートする
0172	**rapid** [rǽpid]	形 速い；すばやい …→形 quick（速い） 名 〖通例 -s〗急流 副 rapidly（速く）
0173	**transit** [trǽnsit, -zit]	名 輸送；通行
0174	**agency** [éidʒənsi]	名（政府などの）機関；代理店 名 agent（代理人）
0175	**tremendous** [triméndəs, trə-]	形 とてつもなく大きい，すさまじい 副 tremendously（すさまじく）

018 高速輸送

M1：高速輸送機関が計画したアップデートについて読みましたか？

W：ええ，彼らのアップデートは私にとってとてつもなく大きい変化を生むでしょう。私が電車で過ごす時間が30分短縮するんです。

M2：彼らのスケジュールはどのようなものか知っていますか？

W：彼らは来年末までに終わらせることを計画していると思いますが，私は少しの遅れを見込んでいます。誰かアップデートにいくらかかるか知っている人はいませんか？

M1：2000万から3000万の範囲内になるだろうと思います。多額のお金のようですが，そのアップデートにしては妥当です。

0176 □ **timeline** [táimlàin]	名 スケジュール（表）；（歴史）年表；時間軸
0177 □ **plan on**	熟 をあてにする；の計画を立てる
0178 □ **delay** [diléi]	名 遅れ　動 を延期する；を遅らせる ＝ 動 postpone（を延期する）
0179 □ **range** [réindʒ]	名 範囲 動 を列に並べる；及んでいる
0180 □ **reasonable** [rí:zənəbl]	形 妥当な；道理にかなった；手頃な ⇔ 形 unreasonable（不合理な）

STORY 019 Interviewing

W: Hello, Mr. Wilkinson. I'm Angela Tyler, from The ABC Times. Tell us a little about the changes at your company.

M: Last year we got rid of our old slogan and logo. Our new slogan and logo are more suitable for our business. Since then we have seen a substantial spike in our sales.

W: I like the new logo and slogan. It seems like these were strategic changes that you made.

M: Yes, these changes have also provided great motivation for our staff.

W: That's good to hear. I'm sure the spike in sales has been good for everyone.

WORDS

0181 **get rid of**	熟 を一掃する，を取り除く
0182 **slogan** [slóugən]	名 スローガン
0183 **logo** [lóugou]	名 ロゴマーク
0184 **suitable** [sú:təbl | sjú:-]	形 ふさわしい ⇔形 unsuitable（適していない） 動 suit（〔に〕適する）
0185 **substantial** [səbstǽnʃəl]	形 かなりの，相当な；実質的な 名 substance（物質，実質） 副 substantially（十分に）

019 インタビュー

W：こんにちは，Wilkinson さん。私は ABC Times の Angela Tyler です。あなたの会社の変化について少し教えてください。

M：昨年，私どもは古いスローガンとロゴマークを一掃しました。新しいスローガンとロゴマークは我々のビジネスによりふさわしいものです。それ以降，売上高がかなり急激に上昇しています。

W：私は新しいロゴマークとスローガンを気に入っています。これらはあなたが起こした戦略的な変化だったようですが。

M：ええ，これらの変化は社員に非常にやる気を与えてもいます。

W：それは良いですね。きっと売上高の急上昇は皆さんにとっていいことだと思います。

0186 □ **spike** [spáik]
- 名 **急上昇；**（シューズの）**スパイク**
- 動 に**大釘を打ち付ける；急上昇する**

0187 □ **strategic** [strətíːdʒik]
- 形 **戦略的な**
- 名 strategy（戦略）

0188 □ **provide** [prəváid]
- 動 を**与える；**を**提供する**
- 形 接 provided（用意された；もし～ならば）

0189 □ **motivation** [mòutəvéiʃən]
- 名 **やる気；意欲；動機**
- 動 motivate（に意欲を起こさせる）

0190 □ **staff** [stæf | stɑ́ːf]
- 名 **社員；職員**
- 動 に（職員を）**配置する**

STORY 020 Technical Issues

M: Our technical issues have spiraled. Things are out of control. We need to hire some more people in my department.

W: Wages for technical workers have been going up. We'll need to adjust the salaries for these jobs accordingly.

M: Yes, it may be difficult to find people quickly. We also need to think about diversity in my department. I'd like to hire some more female technical workers.

W: That's a good idea. Diversity is important.

WORDS

0191	**technical** [téknikəl]	形 技術的な；専門の；工業技術の 名 technique（技術）
0192	**issue** [íʃuː]	名 問題；発行；出版物 動 を出す；を発行する
0193	**spiral** [spáiərəl]	動 らせん状に動く　名 らせん状のもの 形 らせんの
0194	**out of control**	熟 制御不能な，手に負えない ⇔形 controlled（制御された）
0195	**department** [dipɑ́ːrtmənt]	名 部署；省；学科 …›名 ministry（〔英国・ヨーロッパの〕内閣，省）

020 技術的な問題

M：我々の技術的な問題は渦巻いています。事態は今や制御不能に陥っています。私の部署にもう何人か雇う必要があります。

W：技術職の職員の賃金は上がっています。それに応じてこれらの職の給料を調整する必要があるでしょう。

M：ええ，人を早く見つけるのは難しいかもしれません。私の部署の多様性についても考える必要があります。あともう何人か女性の技術職職員を雇いたいと考えています。

W：それはいい考えですね。多様性は大切です。

0196 □ **wage** [wéidʒ]	名 **賃金** …→ 名 pay（給料） 名 payroll（給与）
0197 □ **adjust** [ədʒʌ́st]	動 **を調整する；慣れる** 名 adjustment（調整） …→ 動 adapt（〚adapt *A* to *B*〛*A* を *B* に適合させる）
0198 □ **salary** [sǽləri]	名 **給料** …→ 名 pay（給料） 名 wage（賃金）
0199 □ **accordingly** [əkɔ́ːrdiŋli]	副 **それに応じて；**〚文修飾〛**それゆれに** ＝ 副 therefore（それゆえに）
0200 □ **diversity** [divə́ːrsəti | dai-]	名 **多様性**

STORY 021 Away at School

W1: I heard that your daughter departed for school last week, Mary.

W2: She's going away to school for the first time. She will be living in the dormitory. The school is very distant from our home, but we liked the atmosphere when we visited.

M: Was it her choice to go away to school?

W2: Yes, she felt she was ready to go away. She's a very capable student, and they have a good program. But, the house feels empty without her.

W1: Well we should take you out to lunch to cheer you up.

M: We know you miss her, but it's easy to stay in contact now.

WORDS

0201	**depart** [dipɑ́ːrt]	動 (を)出発する ⇔動 arrive (着く) 名 departure (出発) 名 department (部署)
0202	**dormitory** [dɔ́ːrmətɔ̀ːri | -təri]	名 〈米〉寮 …→熟 hall of residence 〈英〉(学生寮)
0203	**distant** [dístənt]	形 離れた 名 distance (距離) ＝形 far (遠い) ⇔形 near (近い)
0204	**atmosphere** [ǽtməsfìər]	名 雰囲気 …→名 mood (雰囲気，気分) 形 atmospheric (大気の)
0205	**choice** [tʃɔ́is]	名 選択 …→名 selection (選ぶこと) 動 choose (〔を〕選ぶ)

021 家を離れて学校へ行っている

W1：娘さんが先週，学校に向けて出発したと聞いたわ，Mary。

W2：彼女は初めて家を出て学校に行くの。彼女は寮で暮らす予定なのよ。学校は私たちの家からとても離れているけれど，私たちは学校を訪問したときその雰囲気を気に入ったの。

M：家を出て学校に行くというのは彼女の選択だったの？

W2：ええ，彼女は，家を出る用意ができたと思ったんだわ。彼女はとても有能な生徒で，その学校にはいいプログラムがある。でも，彼女がいないと家が空っぽに感じるわ。

W1：それならあなたを元気づけるためにランチに連れ出さなきゃ。

M：君が彼女がいなくて寂しく思うのはわかるけど，連絡を取り合うのは今は簡単だよ。

0206 □ **capable** [kéipəbl]	形 **有能な；能力がある** ⇔形 incapable（無能の） 名 capability（能力）
0207 □ **empty** [émpti]	形 **空っぽの；むなしい** 動 **を空にする；空になる** 名 emptiness（空虚）
0208 □ **cheer *A* up**	熟 ***A* を元気づける，*A* を励ます**
0209 □ **miss** [mís]	動 **がいなくて寂しく思う；を逃す；を欠席する** 名 **失敗** 形 missing（行方不明の）
0210 □ **stay in contact (with)**	熟 **（と）連絡を取り合う［取り続ける］** ＝熟 keep in contact (with)（〔と〕連絡を取り続ける）

STORY 022 The Banquet

W: What are you doing this afternoon, Raymond?

M: We are setting up for the awards banquet.

W: I understand they will be announcing the worker of the year award at the banquet.

M: Yes, the CEO will hand out the award and offer his congratulations.

W: Doesn't the worker of the year also receive a bonus?

M: In the past, it has been very generous.

W: Is it very formal?

M: Everyone dresses up for the awards banquet.

W: It sounds like it will be fun.

WORDS

0211 □ **set up**	熟 準備をする
0212 □ **award** [əwɔ́ːrd]	名 賞 …→名 prize（賞） 名 reward（報酬） 動〖award *A B*〗*A* に（賞として）*B* を与える
0213 □ **banquet** [bǽŋkwit]	名 祝宴；ごちそう
0214 □ **announce** [ənáuns]	動 を発表する 名 announcement（発表） 名 announcer（アナウンサー）
0215 □ **hand out**	熟 を手渡す；を配る

022 祝宴

W: この午後は何をしているのですか，Raymond？

M: 受賞の祝宴の準備をしています。

W: 祝宴では年間最優秀職員を発表すると聞いています。

M: ええ，CEO が賞を手渡して，お祝いの言葉を述べます。

W: 年間最優秀職員はボーナスも受け取るんですよね？

M: これまで，とても気前が良かったんです。

W: とてもフォーマルな宴ですか？

M: みな受賞の祝宴のためにドレスアップしますよ。

W: 楽しい宴になりそうですね。

0216 **congratulation** [kəngrætʃuléiʃən]
名 〖-s〗お祝いの言葉；祝賀　間 〖-s〗おめでとう
動 congratulate（を祝う）

0217 **bonus** [bóunəs]
名 ボーナス，特別手当

0218 **generous** [dʒénərəs]
形 気前の良い；寛大な　名 generosity（気前の良さ）
⇔ 形 ungenerous（けちな）　形 stingy（けちな）

0219 **formal** [fɔ́ːrməl]
形 フォーマルな；正式の　⇔ 形 informal（略式の）
名 動 form（形；を形作る）

0220 **dress up**
熟 ドレスアップする，正装する
…→ 熟 dress down（カジュアルな服装をする）

STORY 023 Graphic design

W1: Did you know that we have a new graphic designer? Have any of you seen her work?

M: Yes, she has some amazing work on display in the conference room. Have you looked at it?

W2: Yes, her work is beautiful. I really like her use of bright, bold colors.

W1: I think her work will be effective in winning new business for our firm. It's also fun to see it in the conference room. I hope they will keep it on display.

M: I heard that the work will be printed on a flyer.

WORDS

0221 □	**graphic** [grǽfik]	形 グラフィックの；図式による；生き生きとした
0222 □	**designer** [dizáinər]	名 デザイナー 名 動 design（図案；を設計する）
0223 □	**amazing** [əméiziŋ]	形 素晴らしい；驚くべき 動 amaze（をびっくりさせる）
0224 □	**display** [displéi]	名 展示(品)；表示　動 を展示する；を表す ＝名 動 exhibit（展示品；を展示する）
0225 □	**conference** [kάnfərəns | kɔ́n-]	名 会議 動 会議を開く

□ print（に掲載する）☞No.1231

023 グラフィックデザイン

W₁: 新しいグラフィックデザイナーがいるのはご存知でしたか？　どなたか彼女の作品を見ましたか？

M: はい，会議室に彼女の素晴らしい作品がいくつか展示してありますよ。もう見ましたか？

W₂: ええ，彼女の作品はきれいです。私は彼女の明るくて，大胆な色使いがとても好きです。

W₁: 私たちの会社のために新たな事業を勝ち取るのに，彼女の作品は効果的だと思います。また，会議室であの作品を見るのは楽しいです。展示し続けてくれるといいのですが。

M: その作品は広告に掲載されると聞きましたよ。

0226 □ **bright** [bráit]	形 (色が)明るい；輝いている；利口な 動 brighten (を輝かせる)　…→形 brilliant (輝く)
0227 □ **bold** [bóuld]	形 大胆な；はっきりとした；ずうずうしい 副 boldly (大胆に)　…→形 brave (勇敢な)
0228 □ **effective** [əféktiv, i-]	形 効果的な　⇔形 ineffective (効果のない) 副 effectively (事実上)
0229 □ **firm** [fə́ːrm]	名 会社 …→名 company (会社)　名 corporation (法人)
0230 □ **flyer / flier** [fláiər]	名 広告(物)，チラシ：(航空機の)乗客 ＝名 leaflet (ビラ，小冊子)

STORY 024 New Flowchart

M: This flowchart illustrates the steps in our new manufacturing process. It's important that everyone gets to see it.

W: We'll need a training session to assure us that all our workers know it. We should have one for the night shift and one for the day shift.

M: We should also post this flowchart on the wall in the factory.

W: That's a good idea. Let's put it next to the daily schedule. Maybe we can post more than one, so it will be easy for everyone to see.

WORDS

0231	**flowchart** [flóutʃɑ̀ːrt]	名 フローチャート，流れ（作業）図
0232	**illustrate** [íləstrèit, ilʌ́s-]	動（を）図解する 名 illustration（説明，挿し絵）
0233	**manufacturing** [mæ̀njəfǽktʃəriŋ]	形 製造（業）の
0234	**process** [prɑ́ses | próu-]	名 工程，手順；過程　動 を加工する 形 加工された　動 proceed（続ける）
0235	**session** [séʃən]	名 セッション，会合

024 新しいフローチャート

M：このフローチャートは，私たちの新しい製造工程の手順を図解しています。全員がそれを見る機会があることが重要です。

W：全従業員がそれを承知していることを保証するための研修セッションが必要です。夜勤シフトのために１度，日勤シフトのために１度開くべきです。

M：また，工場の壁にこのフローチャートを掲示すべきです。

W：それはいい考えですね。毎日のスケジュール表の隣に掲示しましょう。おそらく２つ以上掲示することができます。そうすれば，みんなが見るのが簡単になりますよ。

0236 □ **assure** [əʃúər]	動 を確実にする；に保証する 名 assurance（保証）
0237 □ **shift** [ʃíft]	名 シフト，（勤務の）交替；変化 動 を移す；位置［方向］を変える
0238 □ **post** [póust]	動 を掲示する 名 柱，杭
0239 □ **factory** [fǽktəri]	名 工場 …→名 plant（工場）
0240 □ **schedule** [skédʒu:l | ʃédju:l]	名 スケジュール；一覧表　動 を予定する ＝名 timetable（予定表，時刻表）

STORY 025 The Article

W: A journalist is writing an article about our company. She wants to arrange a meeting with you to review some facts. She wants to make sure her information is accurate.

M: I will have my secretary line up a meeting. What is the journalist's angle?

W: It's a focus on the steps you took to turn the company around last year.

M: OK, I'll review the steps I took to restructure our debt. Then, I'll take some notes to get ready for the meeting.

WORDS

0241	**journalist** [dʒə́ːrnəlist]	名（新聞・雑誌などの）記者，報道記者 名 journal（新聞，雑誌）
0242	**article** [ɑ́ːrtikl]	名 記事；品物；箇条
0243	**arrange** [əréindʒ]	動（を）手配する；（を）取り決める；をきちんと並べる　名 arrangement（［-s］準備）
0244	**accurate** [ǽkjurət]	形 正確な；精密な　⇔ 形 inaccurate（不正確な） 名 accuracy（正確さ）
0245	**line up**	熟 を調整する；の準備をする；を整列させる

025 記事

W: ある記者が我が社について記事を書いています。彼女はいくつかの事実を再度検討するために，あなたとの面会を手配することを望んでいます。彼女は，情報が正確であることを確認したいのです。

M: 秘書に面会の調整をさせるよ。記者の切り口は何だい？

W: 昨年会社を立て直すためにあなたがとった対策に焦点を当てることです。

M: わかった，債務を再構成するためにとった対策を見直しておくよ。それで，面会に備えていくつかメモをしておこう。

0246 □	**angle** [ǽŋgl]	名 **切り口，観点；角度** 形 angular（角のある） ···› 熟 point of view（観点）
0247 □	**focus** [fóukəs]	名 **焦点；中心** 動（注意など）を**集中させる；**の**焦点を合わせる**
0248 □	**turn *A* around**	熟 ***A* を立て直す**
0249 □	**restructure** [rìːstrʌ́ktʃər]	動（債務など）を**再構成する；**（債務など）を**別の債務に移す** 名 restructuring（再編成）
0250 □	**debt** [dét]	名 **債務，借金**

STORY 026 New Chain of Stores

M: Hi, Jane. We are opening a new chain of stores in the city next week. We are kicking it off with a special sale.

W: What's the merchandise?

M: It is women's apparel and a variety of accessories.

W: You have lots of experience in this area, don't you?

M: Yes, my parents worked in the garment industry for many years. My father would take samples to the stores. I measured the fabric when I was just a boy.

W: Well, your experience should be an advantage.

WORDS

0251	**kick off**	熟 を始める
0252	**merchandise** 名[mə́ːrtʃəndàis] 動[mə́ːrtʃəndàiz]	名 商品 ⋯▸名 goods（商品） 動 を売買する
0253	**apparel** [əpǽrəl]	名 衣料品；既製服
0254	**variety** [vəráiəti]	名 変化；種類；〖a variety of *A*〗色々の *A* 動 vary（異なる，を変える）
0255	**garment** [gɑ́ːrmənt]	名 衣服

026 新しいチェーン店

M：やあ，Jane。僕らは来週，この街に新しいチェーン店を開くんだ。特別セールから始めるんだよ。

W：商品は何？

M：女性の衣料品と色々なアクセサリーだよ。

W：あなたはこの分野での経験が豊富なんでしょう？

M：うん，僕の両親は長年アパレル業界で働いていたんだ。父はよく店に見本を持っていっていた。ほんの少年だった頃，僕は布地を採寸していたよ。

W：それなら，あなたの経験は強みになるはずだわ。

0256 □ **industry** [índəstri]	名 業界；産［工］業 形 industrial（産［工］業の）
0257 □ **sample** [sǽmpl]	名 見本　…▸名 example（例，見本） 動 を試飲［食］する；を実際に試す
0258 □ **measure** [méʒər]	動（を）採寸する；の長さがある 名 対策；基準　名 measurement（測定）
0259 □ **fabric** [fǽbrik]	名 布地，織物；〖the fabric〗（基礎）構造 ＝名 textile（布地，織物）
0260 □ **advantage** [ædvǽntidʒ | ədvɑ́:n-]	名 強み；長所 ⇔名 disadvantage（不利な立場）

STORY 027 The Contract

M: I just made a bid on some property, and it was accepted.

W: You must be happy about that. What is the next step?

M: They will draw up a contract. If we accept their terms, it might be settled quickly.

W: What might cause problems?

M: If they put in any unfair provisions, we would not be able to finish our agreement. We will have to read it over carefully.

W: Well, I hope this will turn out well for you.

WORDS

0261	**bid** [bíd]	名 入札；つけ値 動 (競売などで)値をつける
0262	**accept** [æksépt, ək-]	動 を受理する；を認める ⇔動 refuse (を断る) 形 acceptable (受諾し得る) ＝動 admit (を認める)
0263	**draw up**	熟 を作成する；を引き上げる
0264	**contract** 名[kántrækt | kɔ́n-] 動[kəntrǽkt]	名 契約(書) 動 (を)縮小する；(病気に)かかる；契約をする
0265	**term** [tə́ːrm]	名 条件；専門用語；期間；学期 動 を～と称する 形 名 terminal (末期の；終［始］点)

□ cause (を引き起こす) ☞No.0572

027 契約

M：僕はたった今不動産物件に入札して，それが受理されたんだ。

W：それは嬉しいでしょうね。次の段階は何なの？

M：彼らが契約書を作成するんだ。僕たちがその条件を受け入れれば，もしかしたらすぐ決着がつくかもしれない。

W：どんなことが問題になりそうなの？

M：もし彼らが不公平な条項を１つでも入れたら，僕たちは契約に至らないだろうね。注意深く契約書に目を通さないといけない。

W：そうなの，あなたにとってこの契約が良い結果になることを願っているわ。

0266 □ **settle** [sétl]	動 に決着をつける；を落ち着かせる；を解決する　名 settlement（解決〔すること〕）
0267 □ **unfair** [ʌnféər]	形 不公平な；不正な ⇔形 fair（公正な）
0268 □ **provision** [prəvíʒən]	名 条項；提供　動 に提供する 動 provide（を用意する）
0269 □ **agreement** [əgríːmənt]	名 契約，協定；合意　⇔名 disagreement（不一致） 動 agree（意見が一致する）
0270 □ **turn out**	熟 になる；であることがわかる

STORY 028 The Investigation

M: The authorities are conducting an investigation of the company. We have until next week to get ready.

W: Really, that sounds very serious. Do you know what they are looking for?

M: Well, we were asked to turn over a series of documents. I think they are checking for fiscal problems. They want to be sure our previous CFO did not cover anything up.

W: Well, I hope he did not do anything wrong. It would not be good for our company.

M: When they finish their investigation, they will figure out what happened.

WORDS

0271	**authority** [əθɔ́ːrəti]	名 当局；権威；権限 動 authorize（に権限を与える）
0272	**conduct** 動[kəndʌ́kt] 名[kɑ́ndʌkt | kɔ́n-]	動 を行う；を指揮する　名 行い；運営 名 conductor（指揮者，車掌）
0273	**investigation** [invèstəgéiʃən]	名 調査；研究 動 investigate（〔を〕調査する）
0274	**turn over**	熟 を引き渡す
0275	**series** [síəriːz]	名 連続；〖a series of *A*〗一連の *A* …→名 chain（〖a chain of *A*〗一続きの *A*）

□check（を調べる）☞No.0680

028 調査

M: 当局は会社の調査を行おうとしているんだ。私たちは来週まで準備する期間がある。

W: 本当ですか。それはとても深刻そうですね。彼らが何を探しているかご存知ですか？

M: ああ，私たちは一連の文書を引き渡すよう求められたんだ。彼らは財政的な問題を調査しているんだと思う。彼らは前任の CFO が何も隠していないのを確実にしたいんだよ。

W: なるほど，彼が何も間違ったことをしていなければいいですが。間違ったことをしていたら私たちの会社にとっては良いことにはならないでしょう。

M: 彼らが調査を終了したら，何が起きたか解明されるだろう。

0276 □ **document** 名[dάkjumənt | dɔ́k-] 動[dάkjumènt | dɔ́k-]	名 文書，書類 動 を記録する
0277 □ **fiscal** [fískəl]	形 財政上の，国庫の
0278 □ **previous** [prí:viəs]	形 前の ⇔形 following（次の） ⋯▸形 prior（前の） 副 previously（以前に）
0279 □ **cover *A* up**	熟 *A* を隠す
0280 □ **figure out**	熟 を解明する

STORY 029 Business Travel

M: Hi, Anne. I hear you will be taking a business trip abroad soon.

W: Yes, I will be going to Spain for two weeks.

M: Do you like traveling abroad?

W: There are both good and bad aspects to it. It is very tiring, but it is useful to meet face-to-face. It can clear up some misunderstandings caused by the language barrier.

M: You travel a lot, so you must be used to it by now.

W: Yes, I know what to anticipate so I can plan ahead. I've learned that it's important to be flexible rather than rigid when traveling.

WORDS

0281 □ **abroad** [əbrɔ́:d]
副 海外へ［に／で］
＝副 overseas（海外へ）

0282 □ **aspect** [ǽspekt]
名 側面；外観
＝名 appearance（外見）

0283 □ **face-to-face** [féistəféis]
副 面と向かって

0284 □ **clear up**
熟 を解決する；（を）片付ける

0285 □ **barrier** [bǽriər]
名 障壁；防壁

□ rather（〚A rather than B〛B よりもむしろ A）☞No.0307

029 出張

M：やあ，Anne。僕は君がもうすぐ海外へ出張をすると聞いたんだけど。

W：そうなの。私は２週間スペインへ行く予定よ。

M：海外出張は好き？

W：良いところと悪いところと，どちらの面もあるわね。とても疲れるけれど，面と向かって会うのは有益よ。言語の障壁による誤解を解決することができるから。

M：君はたくさん旅行しているから，今はもう慣れているだろうね。

W：そうね，何を予期すればいいかわかっているから，事前に計画できるの。私は旅行をするときは厳密になるより柔軟になることの方が重要ということを学んだわ。

0286 □ **be used to**	熟 に慣れている …→形 accustomed（慣れた） 注 used to *do*（以前はよく～した）
0287 □ **anticipate** [æntísəpèit]	動（を）予期する；を期待する 名 anticipation（期待して待つこと）
0288 □ **ahead** [əhéd]	副 事前に；先へ，将来へ；前に ⇔副 behind（後ろに）
0289 □ **flexible** [fléksəbl]	形 柔軟な；曲げやすい ⇔形 inflexible（確固とした） 名 flexibility（柔軟性）
0290 □ **rigid** [rídʒid]	形 厳密な；堅い ⇔形 flexible（柔軟な） …→形 strict（厳密な）

STORY 030 Political party

W1: Hi, Jimmy. Have you seen the campaign for that new political party?

M: Yes, they were passing out pamphlets in front of the restaurant where I had lunch today.

W2: I saw that group too. Did you take one of their pamphlets?

M: No, I already know how I'm going to vote in the election.

W1: Well, I'm looking for an alternative. I am going to find out more about their policies.

W2: That's a good idea. I think I will do the same.

WORDS

0291	**campaign** [kæmpéin]	名 (社会・政治などの)活動，運動，キャンペーン 動 運動を起こす；選挙運動をする
0292	**political** [pəlítikəl]	形 政治的な，政治の；政党の ㊔politics (政治〔学〕)
0293	**party** [pá:rti]	名 党；パーティー；一行
0294	**pass out**	熟 を配る ＝㊮hand out (を配る)
0295	**pamphlet** [pǽmflət]	名 パンフレット …→㊔brochure (パンフレット)

030 政党

W1：こんにちは，Jimmy。あの新しい政党のための活動を見た？

M：ああ，彼らは僕が今日ランチを食べたレストランの前でパンフレットを配っていたよ。

W2：私もその集団を見たわ。そのパンフレットを受け取った？

M：いや，僕は選挙で，投票をどうするかもう決まっているから。

W1：そう，私はほかの候補を探しているから，そうした人たちの政策についてもっと情報を集めてみる。

W2：それはいい考えね。私もそうしようと思う。

0296 □	**vote** [vóut]	動（に）**投票する**　名 **投票；投票で選ぶこと** 名 voter（投票者）
0297 □	**election** [ilékʃən]	名 **選挙** 動 elect（〔を投票で〕選ぶ）
0298 □	**alternative** [ɔːltə́ːrnətiv, æl-｜ɔːl-]	名 **代わるもの；選択肢**　形 **代わりの** 名 形 動 alternate（代役；交替の；〔を〕交互にする）
0299 □	**find out**	熟（情報など）を**得る**，（事実など）を**知る［わかる］**
0300 □	**policy** [pɑ́ləsi｜pɔ́l-]	名 **政策，方針；信条** …→名 commitment（公約）

COLUMN

1 職業・役職・客

TOEIC には様々な人物が登場します。その人物がどういう人かを把握することは，スコアアップの近道です。TOEIC に出題されやすい職業・役職・客の種類を表す語彙をまとめました。 ※見出し語と重複している語彙もあります。

1 職業

- □ agent 名 代理人［業者］
- □ analyst 名 分析者
- □ author 名 作家，著者
- □ banker 名 銀行家
- □ coach 名 指導者
- □ consultant 名 コンサルタント
- □ dealer 名 販売員［店］
- □ developer 名 開発者
- □ geologist 名 地質学者
- □ journalist 名 記者
- □ librarian 名 司書
- □ manufacturer 名 製造業者
- □ nutritionist 名 栄養士
- □ receptionist 名 受付係
- □ salesperson 名 販売員
- □ secretary 名 秘書
- □ security guard 熟 警備員
- □ technician 名 技術者
- □ vendor 名 行商人

2 役職など

- □ advisor 名 顧問
- □ co-worker 名 同僚
- □ director 名 重役，製作責任者
- □ employee 名 従業員
- □ employer 名 雇用者
- □ intern 名 研修生
- □ manager 名 店長，監督者
- □ representative 名 担当者
- □ supervisor 名 管理者

3 客・人

- □ audience 名 観客，聴衆
- □ celebrity 名 有名人
- □ client 名 依頼人
- □ customer 名 顧客
- □ diner 名 食事客
- □ guest 名 宿泊客
- □ passenger 名 乗客
- □ shopper 名 買い物客
- □ supporter 名 支持者
- □ tourist 名 観光客
- □ visitor 名 来訪客

1500 ESSENTIAL ENGLISH WORDS FOR TOEIC L&R TEST

STAGE 2

▶STORY No.031-060 (30 stories)
▶WORD No.0301-0600 (300 words)

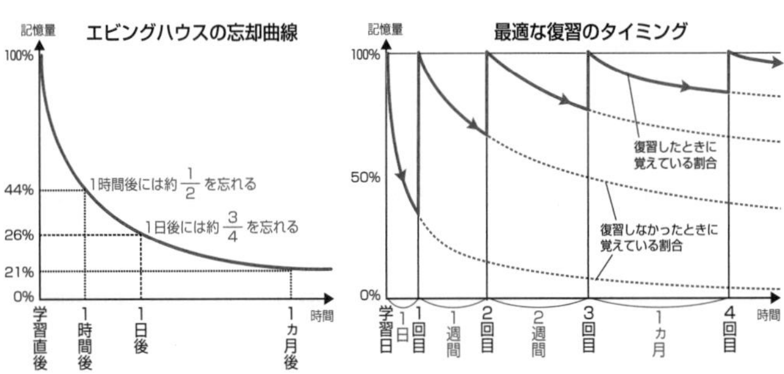

脳科学の研究によると，最も効果的な復習のタイミングは，

❶1回目…学習した翌日

❷2回目…その1週間後

❸3回目…そのまた2週間後

❹4回目…そのまた1カ月後

であると言われています。下の表に学習した日付を記入して，
忘れがちな英単語を効率的に復習していきましょう。

STORY WORD	学習日	1回目	2回目	3回目	4回目
No.031-040 No.0301-0400					
No.041-050 No.0401-0500					
No.051-060 No.0501-0600					

STORY 031 New Business

M1 :Hi, Lisa. I hear you are starting a new enterprise.

W: Yes, my new partner and I are starting a business as forecasting consultants.

M2: That sounds risky. Have you already resigned from your job?

W: Yes, I decided I would rather work for myself. I think there's the potential to make more money and enjoy my work.

M1: Tell us a little about your partner.

W: Well, he's bilingual, which is great. Also, he's worked as a forecaster for a big company for over ten years.

M2: Well, it sounds like you are on a new path. I hope it goes well for you.

WORDS

0301 □ **enterprise** [éntərpràiz]
名 事業；企業
…→名 venture (冒険的事業) 名 undertaking (事業)

0302 □ **partner** [pá:rtnər]
名 共同経営者；配偶者；パートナー
動 (と)組む 名 partnership (提携)

0303 □ **forecast** [fɔ́:rkæ̀st | -kɑ̀:st]
動 を予測する，を予想する 名 予報，予想
名 forecaster (予測家)

0304 □ **consultant** [kənsʌ́ltənt]
名 コンサルタント，顧問
動 consult (に意見を求める，相談する)

0305 □ **risky** [ríski]
形 リスクが高い，冒険的な，危険な
名 動 risk (危険；を危険にさらす)

031 新しい事業

M1：やあ，Lisa。僕は君が新しい事業を始めるって聞いたよ。

W：そうなの，私と私の新しい共同経営者は予測コンサルタントとして事業を始めるの。

M2：それはリスクが高そうだなあ。もう自分の仕事は辞めたのかい？

W：ええ，私はむしろ自分のために働こうと決めたの。もっとお金を稼げて，なおかつ仕事も楽しめる可能性があると私は思っているわ。

M1：君の共同経営者についてちょっと教えて。

W：そうね，彼は素晴らしいことにバイリンガルなの。それに，彼は予測家として 10 年以上大きな会社で働いてきたのよ。

M2：そうなんだ，君は新しい道に踏み出しているようだね。うまくいくことを願っているよ。

0306 □ **resign** [rizáin]	動（を）辞める，辞職する ⋯→動 retire（退職する） 名 resignation（辞職）
0307 □ **rather** [rǽðər | rá:ðə]	副 むしろ；いくぶん；やや；[*A* rather *B*] *B* よりもむしろ *A*
0308 □ **potential** [pəténʃəl]	名 可能性 ＝名 possibility（可能性） 形 可能性を秘めた ＝形 possible（可能な）
0309 □ **bilingual** [bailíŋgwəl]	形 バイリンガルの ⋯→形 multilingual（多言語の） 名 バイリンガル，2言語を自由に使える人
0310 □ **path** [pǽθ | pá:θ]	名 道；小道；進路 ⋯→名 lane（細道） 名 pathway（小道）

STORY 032 Defective Materials

M: Hello, I want to complain about defective materials that your company sold me.

W: We're sorry, sir. What materials were defective?

M: I have a receipt for the materials here. The materials are in the bag. When I opened the package, I found that the pipes were cracked.

W: We will give you a full refund or we can replace the pipes. Which would you prefer?

M: I'm working to renovate my bathroom and this is causing a problem. Can you open a new package to make sure they are not cracked before I buy them?

W: We'd be happy to check the pipes before you buy them. We'd also like to offer you a coupon for 10% off for your time.

WORDS

0311 □ **complain** [kəmpléin]
動 (と)苦情を言う；〖complain about〗について不満を言う ㊔complaint (不平)

0312 □ **defective** [diféktiv]
形 欠陥のある，不完全な ＝㊊faulty (欠陥のある)
㊔defect (欠点)

0313 □ **material** [mətíəriəl]
名 資材；物質；資料 形 物質的な
⇔㊊spiritual (精神的な)

0314 □ **receipt** [risí:t]
名 レシート，領収書
㊍receive (を受け取る)

0315 □ **package** [pǽkidʒ]
名 包装；小包 動 を包装する；を詰める
㊔㊍pack (包み；〔を〕荷造りする)

□crack (を割る) ☞No.1156

032 不良品

M: すみません，あなたの会社から買った不良品について苦情を言いたいのですが。

W: 申し訳ございません，お客様。欠陥があったのはどの資材ですか？

M: その資材のレシートはここにあります。その資材は袋に入っています。包装を開けたときに，管にひびが入っているのを見つけました。

W: 全額返金することも可能ですし，管を取り替えることも可能です。どちらがお好みですか？

M: 私は浴室を修理しようとしているのですが，これが問題になっています。買う前に新しい物の包装を開けてひびが入ってないか確認してもらってもいいですか？

W: 喜んで，お客様が買う前に管を確認いたします。そして，お客様にお時間をさいていただいたので，10パーセント引きの割引券も差し上げます。

0316 □ **refund** 名[rí:fʌnd] 動[rifʌ́nd]	名 返金；払い戻し　動 を払い戻す ＝熟 pay back（を払い戻す）
0317 □ **replace** [ripléis]	動 を取り替える；に取って代わる 名 replacement（交替）　形 replaceable（代わりのある）
0318 □ **prefer** [prifə́:r]	動 が（…よりも）好きである；〖prefer *A* to *B*〗*B* より *A* が好きである　名 preference（好み）
0319 □ **renovate** [rénəvèit]	動 を修理する；を改装する　名 renovation（修復） …→動 undergo（〔修理・治療など〕を受ける）
0320 □ **coupon** [kú:pɑn, kjú:-｜kú:pɔn]	名 割引券

STORY 033 The Latest Technology

W: We have equipped our new lab with the latest technology. We are having a tour of the lab on Friday to show off our new equipment. We hope you can join us.

M: We'd be happy to come. We will release our workers early so they can join your audience. Our people are curious to see your new facility.

W: Well, we think you will be impressed. We have waited a long time to install this up-to-date equipment.

M: We'll see you on Friday then.

WORDS

0321 □ **equip** [ikwíp]	動〚equip *A* with *B*〛*A* に *B* を装備する 名 equipment（備品，機器）
0322 □ **tour** [túər | túər, tɔ́:]	名 見学；旅行 ⋯→名 trip（旅行） 動（を）旅行する；を見学する 名 tourist（観光客）
0323 □ **show off**	熟 を見せびらかす，を自慢する
0324 □ **release** [rilí:s]	動 を解放する；を公開する 名 解放；公表
0325 □ **audience** [ɔ́:diəns]	名 観覧者，聴衆

033 最新の技術

W: 私たちは新しい研究室に最新の技術を装備しました。金曜日には新しい装備を見せびらかすために研究室の見学を行います。あなた方に参加してもらえたら嬉しいです。

M: 喜んで行きます。私たちは従業員たちが観覧者に加われるように早めに業務から解放するようにします。私たちはあなた方の新しい施設を見ることに関心があります。

W: そうですか，あなた方は感心されると思いますよ。私たちはこの最新の装備を設置するのに長い間待ったので。

M: それでは金曜日に会いましょう。

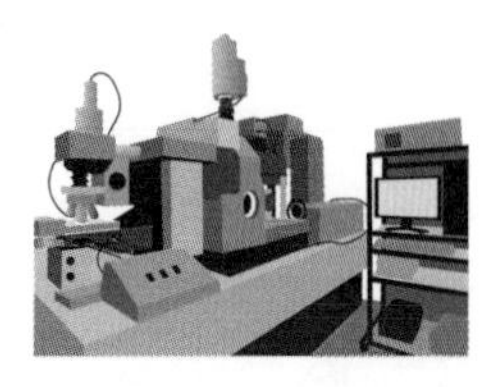

0326 □ **curious** [kjúəriəs]	形 **関心がある，好奇心が強い；奇妙な** 名 curiosity（好奇心）　＝形 odd（奇妙な）
0327 □ **facility** [fəsíləti]	名 **施設；機能；才能；容易さ** ＝名 talent（才能）　名 ease（容易さ）
0328 □ **impress** [imprés]	動 〚be -ed〛**感心する**；〚impress *A* as *B*〛*A* に *B* という印象を与える　名 impression（印象）
0329 □ **install** [instɔ́:l]	動 **を設置する；をインストールする** …→熟 put in（に取り付ける）
0330 □ **up-to-date** [ʌ́ptədéit]	形 **最新の** ⇔形 out-of-date（時代遅れの）

STORY 034 Signing the Accord

W: Today, two world leaders each put their signatures on an accord. The accord itself is about territory. They also resolved to get along in the future and deal with any disputes peacefully.

M: Well, that's a great outcome. Resolving their disputes about territory is an important step.

W: Yes, it is. This accord will help secure peace. This is a wonderful moment for people from both these countries.

M: We are happy to be reporting on good news for a change.

WORDS

0331 □ **leader** [lí:dər]	名 リーダー，指導者 動 lead（〔を〕導く）　名 leadership（リーダーシップ）
0332 □ **signature** [sígnətʃər]	名 署名；署名すること　動 sign（〔に〕署名する） …› 名 autograph（〔有名人などの〕サイン）
0333 □ **accord** [əkɔ́:rd]	名 協定；一致　＝名 agreement（協定） 動 一致する　名 accordance（一致）
0334 □ **territory** [térətɔ̀:ri | -təri]	名 領土；地域
0335 □ **resolve** [rizálv | -zɔ́lv]	動 を解決する；〖resolve to *do*〗〜することを決定する　名 決心

034 協定への署名

W: 本日，２つの世界的なリーダー国がそれぞれ協定に署名しました。協定そのものは領土に関するものです。彼らは将来的に友好関係を築き，どのような意見の不一致も平和的に対処することも決定しました。

M: そうですか，それは素晴らしい結果ですね。領土についての紛争を解決するというのはとても重要な一歩です。

W: ええ, そうですね。この協定は平和を確保するのに役立つでしょう。これは両国の人々にとって素晴らしい瞬間です。

M: たまには明るいニュースをお伝えすることができて嬉しいです。

0336 □ **get along**	熟 **友好関係を築く；仲良くやっていく**
0337 □ **deal with**	熟 に**対処する**；を**処理する**；を**扱う**，を**論じる** ＝動 handle（に対処する）
0338 □ **dispute** [dispjúːt]	名 **紛争；意見の不一致；議論**　動 を**議論する；（を）討論する**　…→動 discuss（を話し合う）
0339 □ **outcome** [áutkʌ̀m]	名 **結果**；（具体的な）**成果** …→名 result（結果）
0340 □ **secure** [sikjúər]	動 を**確保する**；を**しっかり閉める**；を**守る** 形 **不安のない；安全な**　名 security（安全）

STORY 035 My Boss

W: You have been working here for a while, Eric. How do you like your boss?

M: He has some great attributes. He's calm in a crisis, and he works hard to build consensus in a group.

W: Does he help you with your career?

M: Yes, he's a good career coach. He acknowledges my contributions and compliments me for a job well done. He always encourages us.

W: He sounds like a great guy.

M: I'm very glad I ended up with him as my boss.

WORDS

0341	**attribute** 名[ǽtrəbjùːt] 動[ətríbjuːt]	名 特質，属性 動〚attribute *A* to *B*〛*A* を *B* のせいにする
0342	**calm** [kɑ́ːm]	形 落ち着いている；穏やかな　名 静けさ 動 を静める；〚calm down〛落ち着く；静まる
0343	**crisis** [kráisis]	名 重大局面，危機；重大な分かれ目 形 critical（重大な，危険な）
0344	**consensus** [kənsénsəs]	名 合意，（意見の）一致；世論
0345	**career** [kəríər]	名 仕事，職業；経歴 動〈英〉疾走する

035 私の上司

W：あなたはここでしばらく働いているよね，Eric。上司はどう？

M：彼には素晴らしい特質がいくつかあるよ。彼は重大局面のときでも落ち着いているし，グループ内での合意形成に頑張ってくれるしね。

W：彼はあなたの仕事を手助けしてくれる？

M：ああ，彼は仕事上のいいコーチだよ。彼は僕の貢献を認めてくれるし，良くできた仕事についてはほめてくれる。いつも僕らを励ましてくれるんだ。

W：彼は素晴らしい人物のようね。

M：僕は結局彼が上司になってとても嬉しいよ。

0346	**acknowledge** [æknálidʒ, ək- | -nɔ́l-]	動 を認める，を認識する　名 acknowledgment（承認） ＝動 recognize（を認める）　⇔動 deny（を否定する）
0347	**contribution** [kàntrəbjú:ʃən | kɔ̀n-]	名 貢献，寄与；寄付（金）　＝名 donation（寄付） 動 contribute（〔に〕貢献する）
0348	**compliment** 動[kámpləmènt | kɔ́m-] 名[kámpləmənt | kɔ́m-]	動 〚compliment *A* for *B*〛*A*（人）の *B* をほめる 名 賛辞；〚-s〛（時候の）あいさつ
0349	**encourage** [inkə́:ridʒ | -kʌ́r-]	動 を励ます，を勇気づける ⇔動 discourage（をがっかりさせる；を邪魔する）
0350	**end up**	熟 結局～になる

Adopting New Guidelines

M1: Our company is adopting some new guidelines for our virtual teams. These teams are spread out across the world, so it's important to stay in touch.

W: Yes, staying in touch is vital for virtual teams.

M2: Our group utilizes online tools, so people can spot problems and solve them together.

W: Yes, online tools help our people quickly check the status of their work.

M1: I'd like to look at some of the tools you are using. They may help us with our new guidelines.

W: Sure, I'd be happy to show them to you.

M2: We can show you what we are using too.

WORDS

0351	**adopt** [ədɑ́pt | ədɔ́pt]	動 を採用する；を養子にする
0352	**guideline** [gáidlàin]	名 指針，ガイドライン；(判断などの)基準
0353	**virtual** [və́ːrtʃuəl]	形 バーチャルの，ネットワーク上の，仮想の ⇔形 real (現実の)
0354	**spread out**	熟 散らばる；(景色などが)広がる
0355	**stay in touch (with)**	熟 (と)連絡を取り合う ＝熟 keep in touch (with) (〔と〕連絡を取り続ける)

036 新しい指針の採用

M1：私たちの会社はバーチャルチームについていくつか新しい指針を採用する予定です。これらのチームは世界中に散らばっているので，連絡を取り合うことが重要です。

W：そうですね，連絡を取り合うことはバーチャルチームにとって必要不可欠です。

M2：私たちのグループはウェブ上のツールを利用するので，メンバーは問題を発見して一緒に解決することができます。

W：そうですね，ウェブ上のツールは自分たちの仕事の状況をすばやく確認するのに便利です。

M1：あなたたちが使っているツールをいくつか見てみたいです。それらは私たちの新しい指針に役立つかもしれません。

W：もちろん，喜んでそれらを見せますよ。

M2：私たちも，私たちが使用しているものを見せられますよ。

0356 □ **vital** [váitl]	形 **必要不可欠の，きわめて重要な；活気のある** ＝形 crucial（きわめて重大な）
0357 □ **utilize** [júːtəlàiz]	動 **を利用する，を役立たせる** ⋯→熟 make use of *A*（*A* を利用する）
0358 □ **spot** [spát | spɔ́t]	動 **を発見する；に斑点を付ける** 名 **斑点；**（特定の）**場所**
0359 □ **solve** [sálv | sɔ́lv]	動 **を解決する；を解く** 名 solution（解決策）
0360 □ **status** [stéitəs, stǽ-]	名 **状況，状態；地位** ＝名 position（地位）

STORY 037 Saving

M1: I just checked my bank balance for my savings. It has added up over time, so I'm planning to buy a boat.

M2: I'm saving to buy a car. But the interest rate I earn on my savings is quite low. It will be a few years before I have enough to buy a car.

W: Do you save money every month?

M1: Yes, it helps me to save if I have a monthly routine. My wife and I will celebrate our tenth anniversary next year. I'm saving for an especially nice trip.

W: Well, that's great. You are both saving while I am borrowing.

WORDS

0361	**balance** [bǽləns]	名 残高；安定　動 のバランスをとる ⇔ 名 imbalance（不均衡）
0362	**saving** [séiviŋ]	名 節約；[-s] 預金，貯金　形 救う；節約する 動 save（〔を〕救う；〔を〕蓄える）
0363	**add up**	熟〈略式〉（小額の出費などが積もって）増える；（数字が）一致する
0364	**earn** [ə́ːrn]	動（利子・利益など）を生む，をもたらす；を稼ぐ
0365	**quite** [kwáit]	副〈主に英・米略式〉かなり；非常に；完全に ＝ 副 fairly（かなり）　副 completely（完全に）

037 節約

M1：ついさっき預金の銀行残高を確認したところなんだ。長年かけて増えてきたので，ボートを買おうと思っているんだ。

M2：僕は車を買うために貯金している。でも，僕が預金で稼ぐ利子率は，かなり低い。車を買うのに十分なお金がたまるのには数年かかりそうだ。

W：毎月貯金しているの？

M1：そう，毎月の習慣があると，貯金するのに役に立つんだ。妻と僕は来年結婚 10 周年の記念日を迎えるんだ。特別に素敵な旅行のために貯金しているんだよ。

W：わあ，それは素晴らしいね。2人とも私が借金している間に貯金しているのね。

0366 □ **enough** [inʌ́f]	名 **十分な数［量］**　副 **十分に**　形 **十分な** …→形 adequate（十分な量［質］の）
0367 □ **routine** [ruːtíːn]	名 **決まってすること；いつもの手順** 形 **決まった，いつもの**
0368 □ **anniversary** [æ̀nəvə́ːrsəri]	名 **～周年記念日；記念祭**
0369 □ **especially** [espéʃəli, is-]	副（同種の中でも）**特別に；際立って** …→副 particularly（特に）　＝副 markedly（著しく）
0370 □ **borrow** [bɑ́rou | bɔ́r-]	動 **借金する；を**（無料で）**借りる** …→動 rent（を賃借りする）　⇔動 lend（を貸す）

STORY 038 Time to Chat

W: Hi, Lucas. Do you have time to chat?

M: Sure, now is a good time.

W: I've been waiting to bring up a new idea I have. I want to build an e-commerce website. Would you be interested in developing it with me?

M: I would be eager to work with you on this idea.

W: You have experience marketing products and I have experience building websites. If we combine our talents, I think we would do well.

M: There are no guarantees, but I like your idea.

W: Let's meet tomorrow night to formulate our plans.

WORDS

0371	**chat** [tʃǽt]	動《chatter の短縮形》おしゃべりをする；チャットをする　名 おしゃべり；チャット
0372	**bring up**	熟（議論・問題など）を提起する；を育てる
0373	**e-commerce** [íːkɑ̀məːrs | -kɔ̀məːs]	名 電子商取引，e コマース
0374	**develop** [divéləp]	動 を開発する；を発達させる　名 development（発達）　名 developer（開発者）
0375	**eager** [íːgər]	形 熱心な；〚be eager to *do*〛～することを熱望している，～したいと思う

038 雑談時間

W：どうも，Lucas。ちょっと話す時間はある？

M：もちろん，今は大丈夫だよ。

W：私はずっと自分の新しいアイデアを提案しようとしていたの。電子商取引のウェブサイトを立ち上げたいんだけど，私とそれを開発することに興味はある？

M：このアイデアについて君とすごく取り組みたいよ。

W：あなたは商品を売り込んだ経験があって，私はウェブサイトを立ち上げた経験がある。もし私たちがお互いの才能を組み合わせたらうまくいくと思うわ。

M：その保証はないけど，君のアイデアは気に入ったよ。

W：明日の夜会って計画を練りましょう。

0376 □ **market** [mɑ́ːrkit]	動 を売り込む，を市場に出す　名 市場
0377 □ **combine** 動[kəmbáin] 名[kɑ́mbain, kəmbáin | kɔ́mbain]	動 を組み合わせる；結合する　名 企業連合 ㊔ combination（結合〔体〕）
0378 □ **talent** [tǽlənt]	名 才能；才能ある人々
0379 □ **guarantee** [gæ̀rəntíː]	名 保証；保証書　＝㊔ assurance（保証） 動 を保証する
0380 □ **formulate** [fɔ́ːrmjulèit]	動 を練る；を明確に述べる；を公式化する ㊔ formula（解決策，公式）

STORY 039 Digital Attack

W: Last night, we received an emergency alert. It was a digital attack on our database.

M1: All members of our team met online.

M2: The attacker did not gain entry. But we fear the attacks will escalate.

W: These attacks are becoming commonplace.

M1: Yes, we are worried about the next attack.

M2: We are all working hard to be ready for the next one. I hope the police will locate the attacker.

WORDS

0381	**emergency** [imə́ːrdʒənsi]	名 緊急事態，非常事態
0382	**alert** [ələ́ːrt]	名 警報；警戒態勢；警告　形 用心深い 動 に警報を出す
0383	**digital** [dídʒətl]	形 デジタルの ⇔ 形 analogue（アナログの）
0384	**attack** [ətǽk]	名 攻撃；激しい非難　動（を）攻撃する；を痛烈に非難する　⇔ 動 defend（〔を〕防御する）
0385	**gain** [géin]	動 を増す；を得る　＝ 動 obtain（を得る） 名 増加；利益

039 サイバー攻撃

W: 昨晩，私たちは緊急警報を受け取りました。それは私たちのデータベースへのサイバー攻撃でした。

M1: 私たちのチーム全員がオンラインで会いました。

M2: 攻撃者がそれ以上侵入することはありませんでした。しかし，私たちは攻撃が悪化することを恐れています。

W: このような攻撃は一般的になってきています。

M1: ええ，私たちは次の攻撃を心配しています。

M2: 私たちはみんな次の攻撃に対して懸命に備えているところです。警察が攻撃者を見つけてくれると良いのですが。

0386 □ **entry** [éntri]	名《法》(土地・家屋への) 立ち入り；入ること；入会 動 enter (に入る)
0387 □ **fear** [fíə*r*]	動 (を) 恐れる；〚fear (that) 節〛～ではないかと危ぶむ　名 恐怖感；不安
0388 □ **escalate** [éskəlèit]	動 悪化する；エスカレートする；をエスカレートさせる
0389 □ **commonplace** [kámənplèis | kɔ́m-]	形 一般的な；陳腐な　…→形 ordinary (普通の) 名 ありふれたもの　形 common (普通の)
0390 □ **locate** [loukéit, lóukeit]	動 を見つける；を置く；〚be located〛ある 名 location (場所，位置)　動 relocate (移転する)

STORY 040 The Gym

W: I joined a local gym last week that has tennis courts and a swimming pool.

M: Aileen, are you a good tennis player?

W: I'm just an amateur, not a professional. I enjoy playing for fun. Do you play tennis?

M: I don't excel at tennis, but I enjoy playing. Are you consistent about exercising?

W: I'm not always diligent about exercising long term. That's why I enrolled in the gym. They have multiple branches in different metropolitan areas, so I can exercise when traveling.

WORDS

0391 □ **local** [lóukəl]	形 地元の；各駅停車の …→形 provincial（地方の，州の）
0392 □ **amateur** [ǽmətʃùər]	名 アマチュア　形 アマチュアの ⇔名 形 professional（プロ；くろうとの）
0393 □ **excel** [iksél]	動 秀でている；より優れている 形 excellent（非常に優れた）
0394 □ **consistent** [kənsístənt]	形 持続的な；一貫した；一致した ⇔形 inconsistent（一貫性のない，一致しない）
0395 □ **diligent** [dílədʒənt]	形 熱心な，勤勉な　⇔形 lazy（怠惰な） …→形 earnest（熱心な）　形 industrious（勤勉な）

□ exercise（運動をする）☞No.1246

040 ジム

W: 先週テニスコートと水泳プールがある地元のジムに入会したの。

M: Aileen，君はテニスがうまいの？

W: 私はただのアマチュアで，プロなわけではないわ。趣味のためにやっているの。あなたはテニスをする？

M: 僕はテニスがずばぬけてうまくはないけど，するのは楽しいよ。君はずっと運動を続けているの？

W: 私は長期間運動することにいつも熱心というわけではないわ。だからジムに登録したの。大都市圏それぞれにたくさんの支店があるから，旅行中にも運動できるのよ。

0396 □ **long term**	熟 長期間　形 long-term（長期間の） ⇔熟 short term（短期間）
0397 □ **enroll** [inróul]	動 登録する，入会［学］する；を入会［学］させる　名 enrollment（入会［学］）
0398 □ **multiple** [mʌ́ltəpl]	形 多数の；複合的な
0399 □ **branch** [brǽntʃ]	名 支店，支部；枝　動（川などが）分岐する …›名 headquarters（本社，本部）
0400 □ **metropolitan** [mètrəpɑ́litən | -pɔ́l-]	形 大都市の 名 主要都市の住民

STORY 041 Around-the-clock

W: We've been working around the clock to prepare for our new product debut.

M: Yes, I heard you were working long hours.

W: It has been a scramble to complete our work. It feels like this preparation has been dragging on for a long time.

M: Yes, our company is dependent on your team for a successful product.

W: Well, we don't want to let anyone down.

M: Please tell us if there's anything our team can do to support you on this project. Your group is probably feeling worn out by now.

W: Thanks for your support.

WORDS

0401 **around the clock**	熟 一日中，昼も夜も
0402 **prepare** [pripέər]	動 準備する；〚prepare *A* for *B*〛*B* のために *A* を用意する　名 preparation（準備すること）
0403 **debut** [debjú:, débju: | débju:]	名 お披露目，デビュー
0404 **scramble** [skrǽmbl]	名 大あわて；よじ登ること 動 よじ登る；(卵)をかき混ぜながら焼く
0405 **drag on**	熟 長引く，だらだらと続く

041 24時間体制の

W：私たちは新製品のお披露目を準備するために，一日中働いているの。

M：ああ，君が長時間働いているって聞いたよ。

W：仕事を終えようと大あわてだったの。この準備がずいぶんと長引いているんじゃないかと感じるわ。

M：そうだな，僕たちの会社は成功する製品のために君のチームをあてにしているんだ。

W：ええ，私たちは誰もがっかりさせたくないの。

M：もしこのプロジェクトで君を支えるために僕たちのチームにできることが何かあれば教えてくれ。君のグループはおそらくこれまでで疲れ果てているだろうから。

W：サポートありがとう。

0406 □ **be dependent on[upon] *A***	熟 *A* を頼っている，*A* 次第である …→動 depend（〚depend on *A*〛*A* 次第である）
0407 □ **successful** [səksésfəl]	形 成功した　⇔形 unsuccessful（失敗した） 名 success（成功）　副 successfully（首尾良く）
0408 □ **let *A* down**	熟 *A*（人）をがっかりさせる，*A*（人）の期待を裏切る
0409 □ **support** [səpɔ́ːrt]	動 を支える；を支持する　名 支持 …→動 sustain（を持続させる）
0410 □ **worn out**	熟 疲れ果てた；使い古した ＝形 exhausted（疲れきった，使い尽くされた）

STORY 042 Out to Lunch

W1: Thanks for joining us for lunch today, Kevin. What do you want to eat?

M: I'm still deciding. I have to avoid anything that has peanuts. I am allergic to them.

W2: That must take extra effort to avoid them when you are eating out.

M: Yes, it is easier to eliminate peanuts when I eat at home. But, wherever I go out, I need to watch for peanuts.

W1: When were you first aware of your allergy?

M: When I was a child, I consumed some peanuts. I had a bad reaction. My parents had to rush me to a clinic. They discovered the allergy then.

WORDS

0411 □ **avoid** [əvɔ́id]
動 を避ける；を(未然に)防ぐ

0412 □ **allergic** [əlɔ́ːrdʒik]
形 アレルギーのある
名 allergy (アレルギー)

0413 □ **effort** [éfərt]
名 努力；苦労；試み

0414 □ **eliminate** [ilímənèit]
動 を取り除く，を削除する
＝動 exclude (を除外する)

0415 □ **wherever** [hwɛərévər]
接 どこに～(し)ようと；(～する)ところならどこ(へ)でも　副 一体どこへ；どこ(に)でも

□ still (まだ) ☞No.1455

042 外でランチ

W1：今日はランチに来てくれてありがとう，Kevin。何が食べたい？

M：まだ決めかねているんだ。僕はピーナッツが入っているものを避けなければならないんだ。ピーナッツアレルギーがあるから。

W2：それは外食しているときにピーナッツを避けるための特別な努力がいるでしょうね。

M：そうなんだ，家で食べるときの方がピーナッツを取り除くのが楽だよ。でも，どこに出かけようと，ピーナッツには気をつけなければならないんだ。

W1：最初にアレルギーがあることに気づいたのはいつ？

M：僕が子どものとき，ピーナッツを食べたら，良くない反応が出たんだ。両親が医院に急いで連れていってくれて。そのときにアレルギーが発覚したんだ。

0416 □ **aware** [əwέər]	形〚be aware of *A*〛*A* に気がついている ⇔形 unaware（気がつかない）
0417 □ **consume** [kənsúːm｜-sjúːm]	動 を食べる；を消費する，を使い果たす 名 consumer（消費者）　名 consumption（消費）
0418 □ **reaction** [riǽkʃən]	名 反応；反動，反発 動 react（〚react to *A*〛*A* に反応する）
0419 □ **clinic** [klínik]	名〈英〉医院，診療所
0420 □ **discover** [diskʌ́vər]	動 を発見する；〚discover (that) 節〛～ということを知る　名 discovery（発見）

STORY 043 Privacy

M: Our government is working on ways to protect the privacy of its citizens. They are concerned about companies that collect personal data online.

W: Well, I think people deserve to have their privacy. I support a ban on companies that collect data without permission.

M: It's also important that the government enforce laws on collecting personal data.

W: But, without enforcement the laws won't work.

M: Without enforcement, companies will exploit personal privacy.

WORDS

0421 **government** [gʌ́vərnmənt, -vərmənt]
名 政府；政府機関 ···› 名 administration（政府）
動 govern（〔を〕治める）

0422 **protect** [prətékt]
動（を）守る，（を）保護する 名 protection（保護）
＝動 defend（を守る） 動 guard（を守る）

0423 **concerned** [kənsə́ːrnd]
形 憂慮した；関心がある；関係している
名 動 concern（心配，関心事；に影響する）

0424 **collect** [kəlékt]
動 を集める；を徴収する；集まる
形 collective（集めた）

0425 **personal** [pə́ːrsənl]
形 個人の；私的な；私事の
···› 形 private（私用の）

043 プライバシー

M：政府は市民のプライバシーを守る方法について施策を練っているよ。彼らはオンラインで個人データを集めている会社について憂慮しているんだ。

W：ええ，私は，人々が自分のプライバシーを持って当然だと思う。私は許可なくデータを集めている会社に禁止を課すことに賛成よ。

M：政府が，個人データ収集に関する法律を施行することも重要だよね。

W：でも，強制力がなければ法律は機能しないわ。

M：強制力がなければ，企業は個人のプライバシーを不当に利用するようになるだろうね。

0426 □ **deserve** [dizə́ːrv]	動〚deserve to *do*〛**～して当然である；に値する** 形 deserved（受けて当然の）
0427 □ **ban** [bǽn]	名 **禁止**　動 を**禁止する** ＝動 prohibit（を禁止する）
0428 □ **permission** [pərmíʃən]	名 **許可，承認；**〚-s〛**許可証** 動 permit（を許可する，許す）
0429 □ **enforce** [enfɔ́ːrs, in-]	動 を**施行する，**を**守らせる** 名 enforcement（施行，強制）
0430 □ **exploit** [iksplɔ́it]	動 を**不当に利用する，**を**搾取する；**を**最大限に利用する**　名 exploitation（搾取）

STORY 044 Frequent Travel

W: Do you travel often for business, Bobby?

M: Yes, I travel for business pretty frequently.

W: It looks like you travel light. I saw you did not check any luggage.

M: I just have my carry-on. It's much faster when I land that way.

W: It seems like airlines are allowing only very small carry-on luggage.

M: Yes, the allowed carry-on seems to be shrinking.

W: I think we are descending. The flight crew is asking us to fasten our seatbelts for landing.

M: Thanks, I wasn't paying attention.

W: Here's a form to fill out if you have anything to declare at customs.

WORDS

0431	**frequently** [frí:kwəntli]	副 頻繁に 形 frequent（たびたびの）
0432	**luggage** [lʌ́gidʒ]	名 手荷物；〈主に英〉旅行かばん類 ＝名 baggage〈主に米〉（手荷物）
0433	**carry-on** [kǽriɑ̀n | -ɔ̀n]	名〈主に米〉機内持ち込みの手荷物 形 機内に持ち込める（寸法の）
0434	**descend** [disénd]	動 降下する；伝わる；を下りる 名 descent（降下） ⇔動 ascend（〔に〕登る）
0435	**crew** [krú:]	名 乗務員；乗組員 動 乗組員として働く

044 頻繁な旅行

W：出張をよくするの，Bobby？

M：ああ，かなり頻繁に出張するよ。

W：あなたは身軽に旅行しているみたいね。あなたが手荷物を何も預けなかったのを見たわ。

M：僕は機内持ち込みの手荷物しか持ってないんだ。そうした方が着陸したときにずっと速く動けるしね。

W：航空会社はとても小さい機内持ち込みの手荷物だけを認めているようね。

M：そうなんだ，許可されている機内持ち込みの手荷物サイズが小さくなっているような気がするよ。

W：もうすぐ降下するみたい。客室乗務員が着陸に備えてシートベルトを締めるように言っているわ。

M：ありがとう，僕は注意を払ってなかったよ。

W：税関で申告するものがあるかを記入する紙はこれよ。

0436 □ **fasten** [fǽsn | fáːsn]	動 を締める；をしっかり固定する ⇔動 unfasten（をはずす，はずれる）
0437 □ **pay attention**	熟 注意を払う
0438 □ **fill out *A***	熟 *A* に記入する ＝熟 fill in *A*（*A* に必要事項を記入する）
0439 □ **declare** [dikléər]	動 を申告する；(を)宣言する；(を)断言する 名 declaration（宣言）　＝動 announce（を公表する）
0440 □ **custom** [kʌ́stəm]	名 慣例；習慣；〖-s〗税関 名 customer（客）

STORY 045 Computer Problems

W: My computer abruptly stopped working. Can I check something on your terminal?

M: Sure, it's all yours; I'll go get a cup of tea.

W: I've called for assistance with the problem. Thanks for letting me use your terminal for a couple of minutes.

M: I know you'd do the same if the circumstances were reversed. I hope they can assess the problem quickly.

W: If they can't, they'll probably rotate it out and give me another terminal while they work on it.

M: Are your important documents backed up?

W: Yes, they are. I apologize for the interruption.

WORDS

0441	**abruptly** [əbrʌ́ptli]	副 突然；ぶっきらぼうに …→副 suddenly（突然）
0442	**terminal** [tə́ːrmənl]	名 端末；終点［始点］　形 末期の 名 term（期間）
0443	**assistance** [əsístəns]	名 助け，援助 動 assist（〔を補助的に〕助ける）
0444	**circumstance** [sə́ːrkəmstæ̀ns | -stəns]	名 状況；出来事
0445	**reversed** [rivə́ːrst]	形 逆の，反対の；取り消された 動 reverse（を逆にする）

045 パソコンの問題

W：私のパソコンが突然動かなくなってしまったんです。あなたの端末で少し調べてもいいですか？

M：ええ，どうぞご自由に。紅茶を1杯飲んできますから。

W：その問題のことで助けを呼んだところです。2～3分の間あなたの端末を使わせていただきありがとうございます。

M：状況が逆だったらあなたも同じことをすると思いますよ。彼らがすぐに問題を判断できるといいのですが。

W：そうできなかったら，おそらく端末を交換して，彼らが作業している間は別の端末をくれるでしょう。

M：重要な書類はバックアップされているのですか？

W：ええ。お邪魔して申し訳ございません。

0446 □ **assess** [əsés]	動 を査定する，を評価する；を算定する 名 assessment（判定）　＝動 judge（〔を〕評価する）
0447 □ **rotate** [róuteit, ─́ ─ | routéit]	動 を交代させる；回転する；交替する
0448 □ **back up *A***	熟 *A* のバックアップをとる；*A* を実証する
0449 □ **apologize** [əpálədʒàiz | əpɔ́l-]	動 申し訳ないと思う，謝罪する 名 apology（謝罪）
0450 □ **interruption** [ìntərʌ́pʃən]	名 邪魔；中断 動 interrupt（〔の〕邪魔をする）

STORY 046 Breaking down the information

M1: We have new instructions, and they are complicated.

W: I think we need to break down the material. Smaller sections will make it easier for people to follow.

M2: Good idea. I've read the new instructions many times, but some parts don't make sense to me.

M1: Let's break up into teams and each take one section. We need to clean up the language. Then we can lay out the steps.

W: If we do this, it should make the information clear.

M1: Yes, let's get to work on it.

WORDS

0451	**complicated** [kámpləkèitid | kɔ́m-]	形 複雑な；難しい ＝形 complex（複雑な）　⇔形 simple（単純な）
0452	**break down *A***	熟 *A* を分類する；*A* を壊す
0453	**section** [sékʃən]	名 セクション，部分；部署；欄 動 を区分する
0454	**follow** [fálou | fɔ́l-]	動 ついていく；の後についていく；の後に起こる　名 形 following（下記のもの；次の）
0455	**make sense**	熟 理解できる，意味が通じる；賢明である

□ instruction（〘-s〙指示）☞No.0934

046 情報の分解

M1：新しい指示があるんだけど，複雑なんだ。

W：その資料を分類する必要があると思うわ。細かいセクションの方がついていきやすくなるわ。

M2：いい考えだ。この新しい指示を何度も読んだけど，いくつかの部分は理解できないんだ。

M1：チームに分かれて，各チーム1つのセクションを担当しよう。言葉を整理する必要があるね。そうすれば，手順をきちんと並べられる。

W：これをやれば，情報が明確になるはずよ。

M1：そうだね，さあ取りかかろう。

0456	**break up**	熟 分かれる；終わる
0457	**clean up** *A*	熟 *A* を整理する；*A* をきれいに（掃除）する
0458	**lay out** *A*	熟 *A* をきちんと並べる；*A* を広げる ＝動 spread（を広げる）
0459	**make** *A* **clear**	熟 *A* を明確にする；*A* をはっきりさせる
0460	**work on**	熟 に取り組む；に働きかける，に影響を与える；働き続ける

STORY 047 It's Getting Hotter

W1: Have you noticed that temperatures have been abnormally high this summer?

M: Absolutely, our company is using more energy air conditioning our offices. If we compare expenses over the last few years, energy costs are up.

W2: We are experimenting with ways to save on energy costs. For instance, we are monitoring office temperatures at night and turning off the systems then.

W1: Well, it's encouraging that the company is working on this. I think we may have more extreme temperatures in the future.

M: I admit it won't be easy, but we are working on options.

WORDS

0461 □ **abnormally** [æbnɔ́:rməli]
副 異常に　⇔副 normally（普通は，普通に）
形 abnormal（異常な）

0462 □ **absolutely** [æbsəljú:tli, ⁻⁻⁻⁻]
副 まったくだ，もちろん；完全に
形 absolute（完全な）

0463 □ **compare** [kəmpéər]
動 を比べる；〖compare with *A*〗*A* に匹敵する
…▸動 contrast（を対照させる）

0464 □ **expense** [ikspéns]
名 支出；費用　動 に請求する
動 expend（を費やす）　形 expensive（高価な）

0465 □ **experiment** 動[ekspérəmènt | iks-] 名[ikspérəmənt]
動 試す，実験をする　名 実験
形 experimental（実験の）

□ monitor（を測定する）☞No.0576

047 暑くなっていく

W1：今年の夏は気温が異常に高いことに気づきましたか？

M：まったくです，我が社もオフィスで空調により多くのエネルギーを使っています。ここ数年の支出を比べたら，エネルギーコストは高くなっています。

W2：私たちは，エネルギーコストを節約する方法を試しています。例えば，夜間のオフィスの室温を測定してからシステムを止めています。

W1：なるほど，会社がこの問題に取り組んでいることは，励みになります。私は，将来，さらに極端な気温となるかもしれないと思います。

M：簡単ではないことは認めますが，私たちは（色々な）選択肢に取り組んでいます。

0466 □ **for instance**
熟 例えば
＝熟 for example（例えば）

0467 □ **encouraging** [inkə́ːridʒiŋ | -kʌ́r-]
形 励みとなる，激励の，好意的な
動 encourage（を励ます）

0468 □ **extreme** [ikstríːm]
形 極端な；極度の　⇔形 moderate（適度の）
名 極度　副 extremely（極度に）

0469 □ **admit** [ædmít]
動（を）認める；（罪・責任など）を告白する
名 admission（認めること）　⇔動 deny（を否定する）

0470 □ **option** [ɑ́pʃən | ɔ́p-]
名 選択（肢）；オプション　形 optional（選択の）
…名 choice（選択）　名 alternative（選択肢）

STORY 048 Off-site Team Building

W: Our team is meeting off-site at a rock-climbing gym next week for team building.

M: That sounds fun. Have you gone rock climbing before?

W: No, I've never attempted it before.

M: Well, I'm not an expert, but I enjoy it in my leisure time.

W: I'm feeling a little tense and hesitant about it.

M: You are always attached to a rope, so you won't fall. It's fun to scale the vertical rock wall.

W: Well, that's good to hear.

M: You might be surprised by how much you enjoy it.

WORDS

0471	□ **off-site** [ɔ́:fsáit, ɑ́fsáit | ɔ́f-]	副 オフサイトで，現場を離れた場所で ⇔副 on-site（現地で）
0472	□ **attempt** [ətémpt]	動 を試してみる，を企てる 名 試み，努力
0473	□ **expert** 名[ékspəːrt] 形[ékspəːrt, ikspə́ːrt]	名 専門家，熟練者　名 expertise（専門知識） 形 熟達した　⇔形 inexpert（未熟な）
0474	□ **leisure** [líːʒər | léʒə]	名〚形容詞的に〛自由な（時間），余暇（の）；娯楽
0475	□ **tense** [téns]	形 緊張した；緊迫した　⇔形 relaxed（落ち着いた） 動 を緊張させる　名 tension（緊張）

048 オフサイトでのチーム育成

W：チームの仲を深めるために来週，私たちのチームは，ロッククライミングジムでオフサイトミーティングをします。

M：楽しそうですね。以前にロッククライミングに行ったことがあるんですか？

W：いいえ，１度も試してみたことはありません。

M：そうですか，僕は専門家ではありませんが，自由な時間にロッククライミングを楽しんでいます。

W：私は少し緊張して，気後れしています。

M：あなたはずっとロープにくくりつけられていますから，落ちることはありませんよ。垂直の岩の壁を登るのは楽しいですよ。

W：なるほど，それは良かったです。

M：自分がどれほど楽しんでいるかということに驚くかもしれませんよ。

0476 □ **hesitant** [hézətənt]	形 **気後れしている；ためらいがちの** 動 hesitate（ためらう）
0477 □ **attached** [ətǽtʃt]	形 **くっ付けられた；付属の；愛着がある** 動 attach（を取り付ける，〔メールなど〕に添付する）
0478 □ **scale** [skéil]	動（はしご・崖など）を**登る；**を**拡大［縮小］する** 名 **規模；段階；縮尺**
0479 □ **vertical** [və́ːrtikəl]	形 **垂直の**　名〖通例 the vertical〗**垂直線［面］** ⇔ 形 horizontal（水平の）
0480 □ **surprised** [sərpráizd]	形〖be surprised by[at] *A*〗*A* **に驚く** 動 surprise（を驚かす）

STORY 049 Computer Virus

W: It looks like my computer has a virus.

M: I thought we subscribed to a service that shielded us from threats.

W: We do have a subscription. Unfortunately, my computer is new, and it did not have the subscription on it yet.

M: Are they able to track the source of the virus?

W: I don't know. It's hard to keep up with all these threats.

M: Well, this is an urgent problem. I'm sure our people are working on it.

WORDS

0481	**virus** [váiərəs]	名（コンピューター）ウイルス …→名 germ（細菌） 名 bacteria（バクテリア）
0482	**subscribe** [səbskráib]	動 加入する；定期購読する 名 subscription（加入，定期購読）
0483	**service** [sə́:rvis]	名 サービス；公益事業；奉仕 動 にサービスを提供する 動 serve（〔食べ物〕を出す）
0484	**shield** [ʃí:ld]	動（を）守る，（を）保護する；をさえぎる 名 盾；防御物 …→動 protect（を保護する）
0485	**threat** [θrét]	名 危険なもの，脅威；脅迫，脅し 動 threaten（〔を〕脅す）

049 コンピューターウイルス

W: 私のパソコンがウイルスにやられたようです。

M: 危険なものから私たちを守るサービスに加入していると思っていました。

W: 私たちにはちゃんと加入契約があります。あいにく，私のパソコンは新しいので，まだ加入契約をしていませんでした。

M: ウイルスのもとをたどれると思いますか？

W: わかりません。こうした危険なものすべてを把握し続けるのは困難です。

M: そうですね，これは緊急の問題です。きっとうちの連中がこの問題に取り組んでくれると思います。

0486 □ **unfortunately** [ʌ̀nfɔ́ːrtʃənətli]	副 あいにく，不運にも；不幸なほどに 形 unfortunate（不運な） ⇔ 副 fortunately（幸運にも）
0487 □ **track** [trǽk]	動 をたどる；を追跡する 名 小道；〖通例 -s〗足跡
0488 □ **source** [sɔ́ːrs]	名 もと，源；〖通例 -s〗出所；原因 動 を仕入れる
0489 □ **keep up with**	熟 を把握し続ける；と連絡を取り続ける …▸ 熟 catch up with（に追いつく）
0490 □ **urgent** [ə́ːrdʒənt]	形 緊急の，急を要する；せがむような 副 urgently（差し迫って）

STORY 050 Server Farm

M: Our company is looking into a location for a new server farm. It will need large amounts of power to run and keep cool. We are looking at more than one location.

W1: You'll need to find a utility company that is prompt and reliable. How many locations are you looking at?

M: We are looking at 3 different locations.

W2: Yes, it's important to have servers ready to switch to if the primary servers fail.

M: Buying up land for this server farm is a priority. We hope to start building in the spring.

W2: I hope your search goes well.

WORDS

0491 □ **look into *A***	熟 *A* を検討する，*A* を研究する ＝動 investigate（〔を〕調査する）
0492 □ **location** [loukéiʃən]	名 場所，位置 …→名 place（場所） 名 position（位置）
0493 □ **utility** [ju:tíləti]	名 公益事業；公共設備；公共料金；実用性 ＝名 usefulness（有用性）
0494 □ **prompt** [prámpt | prɔ́mpt]	形 迅速な；時間を守る ＝形 punctual（時間を守る） 動 〚prompt *A* to *do*〛*A* に～するよう促す
0495 □ **reliable** [riláiəbl]	形 信頼できる；確実な 動 rely（信頼する） ⇔形 unreliable（あてにならない）

050 サーバーファーム

M: 我が社は新たなサーバーファームの場所を検討しています。サーバーを動かし，低い温度に保つためには多くのパワーを必要とします。我々は２つ以上の場所を検討しています。

W1: 迅速で信頼できる公益事業会社を見つける必要があります。いくつの場所を検討しているのですか？

M: 異なる３つの場所を検討しています。

W2: そう，プライマリーサーバーが機能不全となる場合に，切り替えるためのサーバーを用意しておくことが重要です。

M: このサーバーファームのために土地を買収することが優先事項です。春に建設を始めたいと思っています。

W2: 調査がうまくいくといいですね。

0496 □ **switch** [swítʃ]	動 切り替える；(を)変える 名 スイッチ；(突然の)変更
0497 □ **primary** [práimeri | -məri]	形 基本の；主要な；最初の 副 primarily（主として） ⋯形 chief（最も重要な）
0498 □ **fail** [féil]	動 機能不全になる；失敗する；〚fail to *do*〛～できない 名 落第 名 failure（失敗）
0499 □ **buy up *A***	熟 *A* を買収する，*A* を大量に買い占める
0500 □ **priority** [praiɔ́:rəti]	名 優先事項；重要であること 形 優先的な 形 prior（優先する，前の）

STORY 051 Arguing

W: Two of my co-workers are always arguing. It is very annoying. I thought if I confronted them, it might compound the problem.

M1: I don't understand why some people have a hard time being civil to each other.

M2: Some people have problems with their behavior. Maybe they enjoy conflict. I had a problem with a co-worker who talked very loudly on the phone. I bought some headphones. They made it much easier for me to concentrate on my work.

W: That's a clever way to escape from annoying noise. I will buy some headphones tonight.

WORDS

0501	**argue** [ɑ́:rgju:]	動 口論する，（を）議論する；〚argue that 節〛～だと主張する　名 argument（口論）
0502	**annoying** [ənɔ́iiŋ]	形 いらいらさせる；迷惑な　動 annoy（をいらいらさせる）
0503	**confront** [kənfrʌ́nt]	動 と対抗する；に立ち向かう；に立ちはだかる ＝熟 face up to（に立ち向かう）
0504	**compound** 動[kəmpáund] 名形[kɑ́mpaund | kɔ́m-]	動 を悪化させる；を混ぜ合わせる；〚be -ed〛構成されている　名 化合物　形 複合の
0505	**civil** [sívəl]	形（最低限度に）礼儀正しい；国内の；市民の　名 civilization（文明）

051 口論

W：私の２人の同僚はいつも口論しているの。とてもいらいらするわ。私が彼らを責めたら，問題を悪化させるかもしれないと思っていたわ。

M1：なぜなかなかお互いに礼儀正しくできない人がいるのか理解できないよ。

M2：態度に問題がある人もいる。たぶん彼らは対立を楽しんでいるんだろう。僕は電話でとても大声で話す同僚との間に問題があった。僕はヘッドフォンをいくつか買ったんだ。おかげで仕事に集中するのがずっと楽になったよ。

W：それは迷惑な騒音から逃れる賢い方法ね。今晩ヘッドフォンをいくつか買うわ。

0506 □	**behavior** [bihéivjər]	名 態度；ふるまい；行動　＝名 conduct（行い） 動 behave（ふるまう）
0507 □	**conflict** 名[kánflikt | kɔ́n-] 動[kənflíkt]	名 対立；紛争；矛盾 動 矛盾する，対立する
0508 □	**concentrate** [kánsəntrèit | kɔ́n-]	動 集まる；〖concentrate (on *A*)〗(*A* に) 集中する 名 concentration（集中〔力〕）
0509 □	**clever** [klévər]	形 賢い，利口な；器用な　⇔形 stupid（愚かな） …›形 intelligent（知能の高い）　形 wise（賢い）
0510 □	**escape** [iskéip, es-]	動 を逃れる，(を) 免れる；逃げる；〖escape from *A*〗*A* から逃れる　名 逃亡，脱出

STORY 052 Filling in

W: I am filling in for my co-worker next week. She will be out on vacation.

M: Did she leave you with specific instructions?

W: Yes, she gave me instructions for carrying out all her various tasks.

M: That's kind of you to substitute for her.

W: She filled in for me when I was out last year. It's a perfect trade for both of us.

M: I can see it works for your mutual welfare.

WORDS

0511	**fill in**	熟 代わりを務める，代行をする；〚fill in *A*〛*A* に必要事項を記入する
0512	**specific** [spisífik]	形 具体的な；特定の ⇔ 形 genaral（一般の） 動 specify（を具体的に述べる）
0513	**carry out *A***	熟 *A* を実行する，*A* を遂行する；*A* を行う
0514	**various** [vέəriəs]	形 色々な；多様な 動 vary（異なる，を変える）
0515	**task** [tǽsk | tɑ́:sk]	名 仕事 動 に仕事を課す

052 代わりを務める

W：来週，私が同僚の代わりを務めます。彼女は休暇でいなくなるので。

M：彼女は具体的な指示をあなたに残しましたか？

W：ええ，彼女は色々な仕事をすべて実行するための指示をくれました。

M：彼女の代わりになるなんて親切ですね。

W：去年私がいなかったときに，彼女が私の代わりをしてくれたんです。私たち双方にとって最適な交換ですよ。

M：お互いの幸せの役に立っているようですね。

0516	**substitute** [sʌ́bstətjùːt | -tjùːt]	動〖substitute for *A*〗*A* の代わりになる 名 代わり
0517	**perfect** 形[pə́ːrfikt] 動[pərfékt]	形 最適な，理想的な；完璧な；正確な ＝形 ideal（理想的な）　動 を完全にする
0518	**trade** [tréid]	名 交換；貿易；商売 動（と）貿易する；（を）取引する；を交換する
0519	**mutual** [mjúːtʃuəl]	形 お互いの，相互の
0520	**welfare** [wélfèər]	名 幸せ；福祉；（公的機関による）福祉事業 ＝名 well-being（幸福，福利）

STORY 053 New Cleaning Company

M: We were looking for an alternate cleaning company for our offices. It's become apparent that the company we are using now is rushing through the work. They were becoming careless and neglecting their work.

W: Have you approached any other cleaning companies?

M: I met a neighbor by chance yesterday, and I mentioned the problem to him. He gave me the name of a company they use. He's very satisfied with their work.

W: That's great. It saves time on shopping around for another company.

WORDS

0521 □ **alternate** 形[ɔ́:ltərnət, ǽl- | ɔ:ltə́:nət] 動[ɔ́:ltərnèit]	形〈主に米〉別の，代わりの；交互に起こる 動（を）交替でする　動 alter（を変える）
0522 □ **apparent** [əpǽrənt, əpέər-]	形 明らかな；見たところ 副 apparently（どうやら〜らしい）
0523 □ **careless** [kέərlis]	形 注意を怠った；〖be careless of[about] *A*〗*A* に無頓着である　⇔形 careful（注意深い）
0524 □ **neglect** [niglékt]	動 をおろそかにする，を怠る；を無視する；〖neglect to *do*〗〜しないでおく　名 放置；無視
0525 □ **approach** [əpróutʃ]	動 に話を持ちかける；（に）近づく 名 取り組み方法；接近

053 新しい清掃会社

M：私たちは，オフィスのために別の清掃会社を探していました。私たちが現在利用している会社は急いで仕事をすませていることが明らかになりました。彼らは注意を怠り，仕事をおろそかにするようになっていました。

W：ほかの清掃会社に話を持ちかけたんですか？

M：昨日偶然近所の人に会い，彼にその問題を話しました。彼は利用している会社の名前を教えてくれました。彼は彼らの仕事にとても満足しています。

W：それは良かったですね。ほかの会社を探してあちこち見て回る時間の節約になります。

0526 □ **neighbor** [néibər]	名 近所の人；隣国　形 隣の　動 (に)隣接する 名 neighborhood (近所)
0527 □ **chance** [tʃǽns | tʃɑ́:ns]	名 可能性；機会；〖by chance〗偶然に 動〖chance to *do*〗たまたま～する　形 偶然の
0528 □ **mention** [ménʃən]	動 を話す；に言及する 名 言及　…→名 reference (言及)
0529 □ **satisfied** [sǽtisfàid]	形 満足した；〖be satisfied with *A*〗*A* に満足している 動 satisfy (〔を〕満足させる)　名 satisfaction (満足)
0530 □ **shop around**	熟 (店を)あちこち見て回る；探し回る，吟味する

STORY 054 Mending the Relationship

M: I'm working to restore the relationship with an old customer. I regret that we messed up.

W: John, it takes time to mend a relationship. How is it going?

M: Well, you are right that it won't happen right away. But I think they realize that we are working hard to fix things up.

W: What caused the problem?

M: There was a clash between one of our people and one of their people.

W: Well, I hope you're able to continue working together in the future.

WORDS

0531 **restore** [ristɔ́ːr]
動 を修復する；を回復する

0532 **relationship** [riléiʃənʃip]
名 関係；関連，結びつき
㊔ relation（関係）

0533 **regret** [rigrét]
動（を）後悔する；〚regret to *do*〛残念ながら～する　名 遺憾；後悔

0534 **mess up**
熟 しくじる；〚mess up *A*〛*A* を台無しにする，*A* を散らかす

0535 **mend** [ménd]
動 を修復する；を繕う　名 修繕箇所
…→ 動 repair（を修理する）　動 fix（を修理する）

054 関係の修復

M：昔からの顧客との関係を修復しようとしているんだ。僕らがしくじってしまったことを僕は後悔してる。

W：John，関係を修復するには時間がかかるわ。うまくいってる？

M：うーん，君の言うとおりすぐに関係は修復できないな。でも，彼らは僕らが事態を改善しようと努力していることに気づいていると思う。

W：問題の原因は何だったの？

M：僕らのうちの１人と彼らのうちの１人の間に対立があったんだ。

W：なるほど，あなたたちが将来一緒に働き続けられることを願うわ。

0536	**right away**	熟 すぐに ＝熟 at once（ただちに）
0537	**realize** [rí:əlàiz | ríəl-]	動（に）気づく；をはっきりと理解する；を実現する　…→熟 come true（〔夢などが〕実現する）
0538	**fix** [fíks]	動 を修理する；を取り付ける；〚fix *A* (up)〛*A* を改善する，*A* を解決する
0539	**clash** [klǽʃ]	名 対立；衝突　動 ぶつかる；対立する；を打ち鳴らす　＝名 動 conflict（対立；対立する）
0540	**continue** [kəntínju:]	動（を）続ける；続く 形 continuous（絶え間ない）

STORY 055 Renewing a Passport

W: I need to renew my passport for travel outside the country.

M1: I'm glad you mentioned that. I recalled that I need to check to see if my passport is valid. It may have expired.

W: I have an upcoming trip to Spain. I need to check in case my passport has expired. I haven't kept track of the expiration date.

M1: I wish they sent a warning to let you know if you need to renew your passport.

W: I agree. I tend not to think about this until right before a trip.

M2: I wish you both a safe journey.

WORDS

0541	**renew** [rinjú:|-njú:]	動 を更新する；を再開する ＝動 resume（〔を〕再開する）
0542	**recall** [rikɔ́:l]	動（を）思い出す；を思い出させる；を呼び戻す 名 回想
0543	**valid** [vǽlid]	形 有効な；妥当な ⇔形 invalid（無効の）
0544	**expire** [ikspáiər]	動 失効する；満期になる 名 expiration（満了） ···→熟 run out（無効になる）
0545	**upcoming** [ʌ́pkʌ̀miŋ]	形〈主に米〉もうすぐの，近く公開の ＝形 forthcoming（近々来る）

055 パスポートの更新

W: 国外を旅行するためにパスポートを更新しないと。

M1: 君がそれを話してくれて嬉しいよ。自分のパスポートが有効かチェックする必要があるのを思い出した。失効しているかもしれない。

W: 私はもうすぐスペイン旅行に行くの。パスポートが失効しているといけないからチェックしなきゃ。失効日の記録をしていないの。

M1: パスポートを更新する必要があるときは，知らせるための通告を送ってくれればなあ。

W: 本当にね。私は旅行の直前までパスポートの有効期限を考えない傾向にあるし。

M2: 君たち2人の旅行が無事であることを願うよ。

0546 □ **in case**	熟 ～だといけないから，～の場合に備えて
0547 □ **keep track of *A***	熟 *A* の記録をする，*A* の成り行きを把握している
0548 □ **warning** [wɔ́ːrniŋ]	名 通告；警告；前兆　形 警告の 動 warn（に警告する）
0549 □ **tend** [ténd]	動 〚tend to *do*〛～する傾向にある；向かう 名 tendency（傾向）
0550 □ **journey** [dʒə́ːrni]	名 旅行；旅程　動 旅行する …→名 動 travel（旅行；旅行する）　名 trip（旅行）

STORY 056 New Shipment

W1: We received a new shipment of products today.

W2: Based on our calculations, there are 3,000 cartons.

M: Did the cargo include the parts you requested?

W1: Yes, but they are still inspecting part of the shipment at the border.

M: We really need those parts as soon as possible.

W2: We will try, but it may not work. The border inspection is often very slow.

M: Well, I hope your appeal to rush the rest of the shipment will be heard.

WORDS

0551	**shipment** [ʃípmənt]	名 貨物，(船の) 積み荷；船積み，積み込み
0552	**base** [béis]	動 〚be based on *A*〛*A* に基づく 名 基底；基礎 形 basic (基本の)
0553	**calculation** [kælkjuléiʃən]	名 計算；予測，推定 動 calculate (〔を〕計算する)
0554	**carton** [kɑ́:*r*tn]	名 カートン；紙 [プラスチック] の大型容器
0555	**cargo** [kɑ́:*r*gou]	名 貨物；積み荷 ＝名 freight (貨物)

056 新しい貨物

W1：今日，新しい製品の貨物を受け取りました。

W2：私たちの計算によれば，3000 カートンあります。

M：あなたが頼んだ部品は貨物に含まれていましたか？

W1：はい，でも国境ではまだ貨物の一部を検査しています。

M：本当に，できるだけ早くそれらの部品が必要です。

W2：努力しますが，うまくいかないかもしれません。国境検査は非常に遅いことが多いのです。

M：なるほど，貨物の残りを大急ぎで運ぶためのあなたの訴えが聞き入れられることを願います。

0556 □ **include** [inklúːd]	動 **を含む；を含める** ⇔動 exclude（を除外する） 前 including（を含めて）
0557 □ **request** [rikwést]	動 **を頼む** ⋯▸動 ask（〔に〕頼む） 名 **要請，依頼**
0558 □ **inspect** [inspékt]	動 **を検査する；を視察する** 名 inspection（検査） ⋯▸動 examine（を調査する）
0559 □ **border** [bɔ́ːrdər]	名 **国境（線）；境界（線）** 動 **（に）接する**
0560 □ **appeal** [əpíːl]	名 **訴え；魅力** 動 **気に入る；訴える**

STORY 057 Recycling

M1: Our company is working hard to recycle. We hope that in the long run, our work will help the environment.

M2: It appears, for example, that there is an abundant supply of water on the planet. In truth, there is a limited supply of water. We are working to recycle all the water we use to make our products.

W: That is an ambitious plan.

M1: We are committed to decreasing our water usage and increasing our recycling.

W: I wish more companies were as committed as yours. I think it will make a difference in our future.

WORDS

0561	**recycle** [rìːsáikl]	動 をリサイクルする，を再(生)利用する …→動 reuse (〔廃物など〕を再利用する)
0562	**in the long run**	熟 長い目で見れば，結局は
0563	**environment** [inváiərənmənt]	名 環境 …→名 surrounding (〚-s〛環境) 形 environmental (環境の)
0564	**appear** [əpíər]	動 のように思われる；現れる 名 appearance (外見) ＝動 seem (のように思われる)
0565	**abundant** [əbʌ́ndənt]	形 豊富な，ありあまる 動 abound (満ちている) ＝形 plentiful (豊富な) ⇔形 scarce (乏しい)

057 リサイクル

M1：我が社は懸命にリサイクルに取り組んでいます。長い目で見て，我々の仕事が環境を救うことを願っています。

M2：例えば，地球上には水の供給が豊富にあるように思われます。実際は，水の供給は限られています。我々は，製品を作るために使うすべての水をリサイクルしようとしています。

W：それは野心的な計画ですね。

M1：我々は，水の使用量を減らし，リサイクルを増やすことに全力を注いでいます。

W：より多くの企業があなた方と同じくらい熱心に取り組んでくれると良いのですが。これは将来に変化をもたらすと思います。

0566 □ **supply** [səplái]	名 供給；供給品；〖-lies〗必需品 ⇔名 demand（需要）　動 を供給する
0567 □ **ambitious** [æmbíʃəs]	形 野心的な；(人が) 大望のある 名 ambition（野心）
0568 □ **committed** [kəmítid]	形 全力を注いでいる，献身的な ＝形 dedicated（熱心な）　⇔形 uncommitted（中立の）
0569 □ **decrease** 動[dikríːs] 名[díːkriːs, dikríːs]	動 を減らす；減少する　名 減少 ＝名 reduction（減少）　⇔動 名 increase（増す；増加）
0570 □ **usage** [júːsidʒ, -zidʒ]	名 使用（量），(物の) 使い方；語法

STORY 058 Air Pollution

M1: The air is sure dirty today. I can hardly see the mountains behind the city. Do you know what caused the bad air?

W: Yes, blame the air pollution on the fires. They have burned down hundreds of houses.

M2: I thought the fires were hundreds of miles away from here.

W: Yes, but the wind is blowing in our direction.

M1: I hope the wind changes direction soon.

W: They are monitoring the air quality and predict that it will get better in 24 hours. They cancelled the big game today because of the pollution.

M2: Well, I think I can endure this for 24 hours since I know it will end soon.

WORDS

0571 □	**hardly** [há:rdli]	副 ほとんど～ない ＝副 scarcely（ほとんど～ない）
0572 □	**cause** [kɔ́:z]	動 を引き起こす；の原因となる 名 原因；理由
0573 □	**blame** [bléim]	動 のせいにする；をとがめる 名 責任 …▸動 criticize（〔を〕非難する） ⇔動 praise（をほめる）
0574 □	**pollution** [pəlú:ʃən]	名 汚染；公害 動 pollute（を汚染する） …▸熟 environmental pollution（環境汚染，公害）
0575 □	**burn down**	熟 を焼き尽くす；全焼する

□direction（方向）☞No.1487

058 大気汚染

M1: 今日は空気が間違いなく汚れている。町の向こうの山々がほとんど見えないよ。何が汚れた空気を引き起こしたか知っているかい？

W: ええ，大気汚染は火災のせいよ。火災は何百軒もの家を焼き尽くしたわ。

M2: 火災はここから何百マイルも離れていると思っていたよ。

W: ええ，でも風は私たちの方に吹き込んでいるの。

M1: すぐに風向きが変わってほしいな。

W: 大気の質が測定されていて，24 時間後に改善するという予測が出ているわ。大気汚染が原因で，今日の大事な試合が中止されたの。

M2: うーん，すぐに終わるとわかっているから，24 時間はこれに耐えられると思うな。

0576 **monitor** [mánətər | móni-]	動 を測定する，を監視する 名 モニター，ディスプレイ
0577 **quality** [kwáləti | kwól-]	名 質，品質；良質 …→名 quantity（量）
0578 **predict** [pridíkt]	動 を予測する，を予言する …→動 forecast（を予想する）
0579 **cancel** [kǽnsəl]	動（を）中止する，（を）取り消す　名 取り消し 名 cancellation（中止）
0580 **endure** [indjúər | -djúə]	動 に耐える；存続する　名 endurance（我慢） …→動 bear（に耐える）

STORY 059 The Visit

M1: We have a group of headquarters officials visiting our company today. Please meet them in the lobby and then take them to the lounge for beverages. I will meet you in the lounge and take them to look at the production line.

W: OK. I will meet you in the lounge.

M2: We will have a buffet lunch for everyone back in the lounge at noon. We ordered three traditional vegetarian dishes. We need you to stay the whole time.

W: Of course, I will be there at noon.

M1: After lunch, please show our visitors the sculpture garden.

M2: Please remain with our visitors until we arrive at 2 o'clock.

WORDS

0581	**headquarters** [hédkwɔ̀ːrtərz | hèdkɔ́ːtəz, ⏤⏤]	名 本社，本部 …›名 branch（支店，支部）
0582	**official** [əfíʃəl]	名（会社などの）役員，職員；役人，公務員 形 公式の ⇔形 unofficial（非公式の）
0583	**lobby** [lɑ́bi | lɔ́bi]	名 ロビー ＝名 foyer（ロビー） 動 ロビー活動をする
0584	**beverage** [bévəridʒ]	名（水以外の）飲み物
0585	**buffet** [bʌ́fit]	名 ビュッフェ；（駅などの）軽食堂

059 訪問

M1：今日は本社役員の方々が我が社を訪問します。ロビーで彼らをお迎えして，飲み物を提供するためにラウンジへお連れしてください。私はラウンジであなた方と会い，生産ラインを見せに彼らをお連れします。

W：わかりました。ラウンジでお会いしましょう。

M2：正午にラウンジに戻り，皆さんでビュッフェ形式の昼食をいただきます。3つの伝統的なベジタリアン料理を注文しました。あなたはその間中とどまっていただく必要があります。

W：もちろんです，正午にそこに参ります。

M1：昼食の後，お客様に彫刻庭園をお見せしてください。

M2：私たちが2時に到着するまで，お客様と一緒にとどまっていてください。

0586 □ **traditional** [trədíʃənl]	形 伝統的な；伝統にとらわれた 名 tradition（伝統）　＝形 conventional（慣習的な）
0587 □ **vegetarian** [vèdʒətéəriən]	名 ベジタリアン　…→名 vegan（完全菜食主義者） 形 菜食主義者の
0588 □ **whole** [hóul]	形 ～中，全体の，まるごとの 副 まったく　名 統一体
0589 □ **sculpture** [skʌ́lptʃər]	名 彫刻 …→名 statue（彫像）
0590 □ **remain** [riméin]	動 とどまる；のままである 名 残り

060 The Strike

M1: We are in on-going talks to end this strike. Although, we have agreed on pay, the chief problem is health care.

W: Health care costs are much higher today, and we can assume they will keep going up.

M2: Yes, workers cite health care as the biggest burden after housing.

M1: There are many variables with health care. But I think we can reach a compromise soon.

W: I think we can conclude this by the end of the week. We all need to get back to work.

M2: I hope you can craft a deal by then.

WORDS

0591	**on-going** [ɑ́ngòuiŋ | ɔ́n-]	形 現在進行中の
0592	**strike** [stráik]	名 ストライキ　動 (に)ぶつかる；(を)打つ 形 striking (著しい)
0593	**chief** [tʃíːf]	形 最も重要な；最高位の　＝形 main (主要な) 名 長，チーフ
0594	**assume** [əsúːm | əsjúːm]	動 〚assume (that) 節〛～だと思う；を想定する 名 assumption (想定)
0595	**cite** [sáit]	動 を挙げる；を引用する ＝動 quote (〔を〕引用する)

060 ストライキ

M1：このストライキを終わらせるため現在進行中の協議のまっただ中にいます。私たちは給料に同意しましたが，最も重要な問題は医療です。

W：今日医療費はずっと高くなっており，医療費は上がり続けると思います。

M2：はい，労働者は住宅に続いて最も大きい負担として医療を挙げています。

M1：医療には多くの不確定要素があります。けれども，私はすぐに和解に到達できると思います。

W：今週末までには協議を終えることができると思います。私たちはみんな，仕事に戻らなくてはなりませんから。

M2：それまでには協定を作ることができることを祈ります。

0596 □ **burden** [bə́ːrdn]	名 負担；重荷　動 に荷を負わせる ⇔動 unburden（の荷を下ろす）
0597 □ **variable** [véəriəbl]	名 不確定要素；変数；変わるもの 形 変わりやすい　動 vary（異なる）
0598 □ **compromise** [kámprəmàiz | kɔ́m-]	名 和解，妥協；折衷物 動 妥協する，歩み寄る
0599 □ **conclude** [kənklúːd]	動 を終える；（と）結論を下す 名 conclusion（結論）
0600 □ **craft** [krǽft | kráːft]	動 を作る；を精巧に作る　名 工芸；技術 名 craftsman（職人）

COLUMN 2 書類・経理・会議

TOEIC はビジネスシーンが多く登場します。ビジネス独自の単語の使い方や経理や会議に関する語彙も頻繁に登場するため，覚えておきましょう。

※見出し語と重複している語彙もあります。

1 書類

- □ agreement 名 契約書
- □ application form 熟 申込用紙
- □ breakdown 名 明細書
- □ business card 熟 名刺
- □ credential 名 実績，証明書
- □ directory 名 人名簿
- □ in writing 熟 書面で
- □ instructions 名 取扱説明書
- □ inventory 名 商品目録，在庫
- □ invoice 名 請求書，納品書
- □ papers 名 書類
- □ payroll 名 雇用者名簿
- □ photocopier 名 コピー機
- □ roster 名 勤務表
- □ warranty 名 保証書

2 経理

- □ additional charge 熟 追加料金
- □ budget 名 予算
- □ cut back 熟 (金額などを) 削減する
- □ discount 名 割引
- □ expenses 名 経費
- □ expiration date 熟 有効期限
- □ management 名 経営，管理
- □ outlay 名 支出額，経費
- □ payment 名 支払額
- □ quarter 名 四半期
- □ registration 名 登録，履修
- □ reimbursement 名 返済
- □ revenue 名 (総) 収入

3 会議・会合

- □ celebrate 動 を祝う
- □ conference 名 (大規模な) 会議
- □ convention 名 (各種団体による) 協議会
- □ explanation 名 説明
- □ gathering 名 集会
- □ incorporate 動 (を) 合併する
- □ introduce 動 を紹介する
- □ meeting 名 会議
- □ mobile phone 熟 携帯電話
- □ public relations 熟 広報活動
- □ specialize in 熟 を専門とする
- □ workshop 名 研修会

STAGE 3

▶STORY No.061-090 (30 stories)
▶WORD No.0601-0900 (300 words)

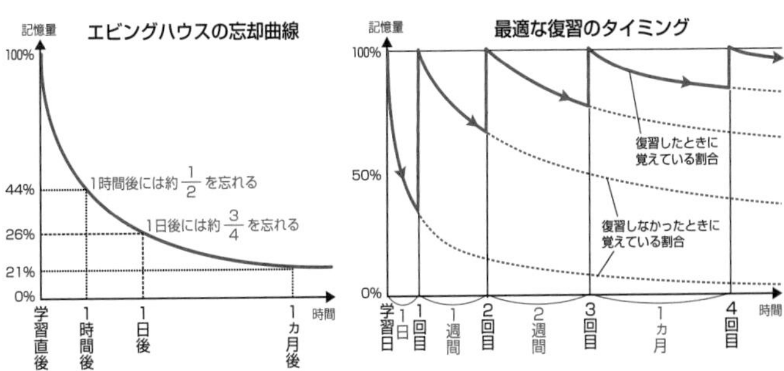

脳科学の研究によると，最も効果的な復習のタイミングは，

❶1回目…学習した翌日
❷2回目…その1週間後
❸3回目…そのまた2週間後
❹4回目…そのまた1カ月後

であると言われています。下の表に学習した日付を記入して，忘れがちな英単語を効率的に復習していきましょう。

STORY WORD	学習日	1回目	2回目	3回目	4回目
No.061-070 No.0601-0700					
No.071-080 No.0701-0800					
No.081-090 No.0801-0900					

STORY 061 An Abstract

W: I'm working on an abstract or summary of this article. Could you read it over and give me feedback?

M: I'd be happy to read it over.

W: Thanks so much.

M: Well, it seems like you didn't skip any significant facts here. The article was extensive, and you've done a good job of summarizing it.

W: Thanks for your feedback. I tried not to leave out anything important.

M: You've done a superior job. I would have struggled to write an abstract as good as this. I think you can submit it to your publisher now.

WORDS

0601	**abstract** 名形[ǽbstrækt] 動[æbstrǽkt]	名 概要，要旨 ＝名 summary（要約） 動 を抽出する 形 抽象的な ⇔形 concrete（具体的な）
0602	**summary** [sʌ́məri]	名 要約 ＝名 abstract（概要） 形 概略の 動 summarize（を要約する）
0603	**feedback** [fíːdbæ̀k]	名 意見；フィードバック
0604	**skip** [skíp]	動 を飛ばす；跳ねて進む ＝動 miss（を抜かす） 名 スキップ
0605	**significant** [signífikənt]	形 重要な；かなりの 名 significance（重要性） 副 significantly（著しく）

061 要約

W：私はこの論文の概要つまり要約を書いているんです。読んでみて意見をいただけますか？

M：喜んで読みますよ。

W：どうもありがとう。

M：そうだな，あなたは概要で重要な事実を何も飛ばしていないようですね。この論文は（内容が）広範囲にわたるから，あなたはよく要約したと思いますよ。

W：意見をありがとう。重要なことは何も省かないようにしたんです。

M：あなたは優れた仕事をしましたね。私だったらこのように素晴らしい概要を書くのに苦労したでしょうね。あなたはもうこれを出版社に提出できると思いますよ。

0606 □ **extensive** [iksténsiv]	形 広範囲にわたる；大規模な 動 extend（を延長する）
0607 □ **leave out** ***A***	熟 *A* を省く，*A* を除外する
0608 □ **superior** [supíəriə*r*, sə- | s*j*uː-]	形 優れた；〚be superior to *A*〛*A* より優れている 名 上役　名 superiority（優越）
0609 □ **struggle** [strʌ́gl]	動 苦労する，奮闘する；格闘する 名 争い；〚通例 a struggle〛苦労
0610 □ **submit** [səbmít]	動 を提出する；を服従させる ＝熟 hand[give] in *A*（*A* を提出する）

STORY 062 A Hike

W: Hi, Harry. What did you do over the holiday?

M: I went on a hike with some friends. We climbed to the summit of a mountain. We were surrounded by sweeping views of the vast landscape below.

W: How long did it take you to climb the mountain?

M: It took most of the day, but the views were a treat. It was also much faster going down than up.

W: I usually stay home and play online games for fun. I think I would enjoy hiking for a change.

M: We'll call you next time, but we start out pretty early.

W: That's fine. I always get up early to commute. I would enjoy taking off and getting out of the city.

WORDS

0611	**hike** [háik]	名 ハイキング；値上げ 動 ハイキングをする
0612	**summit** [sʌ́mit]	名 頂上；首脳会議 ＝名 peak（〖-s〗頂）
0613	**surround** [səráund]	動 を囲む；を包囲する　名 外枠 名 surrounding（〖-s〗環境）
0614	**sweeping** [swí:piŋ]	形 一面に広がる，広範囲にわたる；おおざっぱな　名〖-s〗掃き集めたもの　動 sweep（を掃く）
0615	**vast** [vǽst | vá:st]	形 広大な；莫大な …› 形 enormous（非常に大きい）

062 ハイキング

W：ねえ，Harry。休暇中何をしたの？

M：僕は友達とハイキングに行ったよ。山の頂上まで登ったんだ。僕たちは下に一面に広がる広大な景色の眺望に囲まれていたんだ。

W：その山に登るのにどのくらいの時間がかかったの？

M：ほとんど一日かかったけど，景色がご褒美だったよ。それに下る方が登るのよりもずっと速かった。

W：私はたいてい家にいてオンラインゲームを楽しんでいるわ。気分転換にハイキングをしてみるのも楽しそうね。

M：次回君を誘ってみるけど，僕たちはかなり朝早く出発するんだ。

W：大丈夫。私はいつも通勤のために早起きしているから。出かけて街の外に出るのを楽しめると思うわ。

0616 □ **landscape** [lǽndskèip]	名 景色；風景画　…▸名 view（眺め） 動 の景観を良くする　名 landscaping（景観設計）
0617 □ **treat** [tríːt]	名 ご褒美，もてなし；楽しみ 動（を）扱う；〖treat *A* as *B*〗*A* を *B* とみなす
0618 □ **start out**	熟 出発する；始まる
0619 □ **commute** [kəmjúːt]	動 通勤［学］する 名〖通例単数形で〗通勤［学］（時間）
0620 □ **take off**	熟 出かける，出発する，離陸する ＝熟 have off（を休暇としてとる）

STORY 063 The Broadcast

W: Did you see that broadcast about the company stock?

M: I did. I didn't think the stock could attain that price level.

W: Well, the new CEO has a great vision for the company.

M: He seems like a workaholic. He's always at the office.

W: He has pulled off big changes here. I think he's the reason for the company comeback.

M: Yes, he has made comprehensive changes here. He's changed the company culture.

W: I have no doubts that the stock will continue to do well.

WORDS

0621	**broadcast** [brɔ́:dkæ̀st | -kɑ̀:st]	名 放送 動 (を)放送する
0622	**stock** [stɑ́k | stɔ́k]	名 株；在庫(のある状態) 動 を置いている；(に)蓄える
0623	**attain** [ətéin]	動 に到達する；(を)達成する
0624	**vision** [víʒən]	名 見通す力；視野 …→名 sight (視力)　名 foresight (先見)
0625	**workaholic** [wə̀:rkəhɔ́:lik | -hɔ́l-]	名 ワーカホリック，仕事中毒の人

063 放送

W：会社の株に関するあの放送を見た？

M：見たよ。株があの価格水準まで到達できるとは思ってなかったな。

W：そうね，新しいCEOは会社に対して素晴らしい見通しを持っているわ。

M：彼はワーカホリックのように見えるよ。彼はいつもオフィスにいるんだ。

W：彼はこの会社に大きな変化をもたらすことをうまくやり遂げたわ。私は彼が会社の復活の理由だと思う。

M：ああ，彼はこの会社に包括的な変化をもたらした。彼が企業文化を変えたんだ。

W：会社の株がこれからも好調を維持することに疑いはないわ。

0626 □ **pull off** *A*	熟 *A*（困難なこと）**をうまくやり遂げる**；（急いで）*A* **を脱ぐ**
0627 □ **comeback** [kʌ́mbæ̀k]	名 **復活，返り咲き**；〈英〉**補償**
0628 □ **comprehensive** [kɑ̀mprihénsiv | kɔ̀m-]	形 **包括的な**；**理解力のある** 動 comprehend（を理解する）
0629 □ **culture** [kʌ́ltʃər]	名 **文化** 形 cultural（文化の）
0630 □ **doubt** [dáut]	名 **疑い**　動（を）**疑う** 形 doubtful（疑わしい）

STORY 064 Dumping

W: We are having a problem with dumping at one of our remote locations. It is costing us a lot to remove these things.

M: We had a persistent problem like that. We worked with the city to patrol the area. The city put up signs and imposed huge penalty fees.

W: Did the dumping cease?

M: No, but there was much less dumping. We noticed a pattern of more dumping on some days. So that's when the city patrolled.

W: Thanks, I will take these ideas to my team.

WORDS

0631 □ **dumping** [dʌ́mpiŋ]	名 投棄，投げ捨て，廃棄
0632 □ **remote** [rimóut]	形 遠方の；辺ぴな ＝形 isolated（孤立した） 形 distant（遠い）
0633 □ **remove** [rimú:v]	動 を除去する；を脱ぐ 名 removal（撤去）
0634 □ **persistent** [pərsístənt]	形 執拗に続く；根強い 動 persist（持続する）
0635 □ **patrol** [pətróul]	動（を）巡回する 名 巡回

□ sign（看板）☞No.1174

064 投棄

W: 遠い店舗の1つで不法投棄の問題が発生しています。これらを除去するために多大な費用がかかっています。

M: 私たちにもそのようななかなか解決しない問題がありました。市と協力してその地域を巡回しました。また，市は看板を立てて，巨額の罰金を課しました。

W: 不法投棄はなくなりましたか？

M: いいえ，でも不法投棄はずっと少なくなりました。私たちは特定の日には不法投棄が多くなるという傾向に気がついたのです。そこで，その日に市の巡回を行うようにしたんです。

W: ありがとうございます，私はこれらのアイデアを私のチームに持ち帰ってみます。

0636 □ **impose** [impóuz]	動 を課す；〚impose *A* on *B*〛*B* に *A* を押しつける
0637 □ **huge** [hjúːdʒ | hjúːdʒ, júːdʒ]	形 巨額の；巨大な，莫大な …→形 enormous（巨大な）
0638 □ **fee** [fíː]	名 料金，手数料；〚通例 -s〛謝礼
0639 □ **cease** [síːs]	動 （続いていたものが）なくなる，終わる；をやめる
0640 □ **pattern** [pǽtərn | pǽtən]	名 傾向；模範

STORY 065 Ancestors

M: My ancestors immigrated here from another country. I felt ignorant about my own history. So I changed the initial schedule and went to Spain last year.

W: How did you like Spain, Teo?

M: It was wonderful. It was my best trip ever. I enjoyed exploring both urban and rural parts of the country.

W: Did you get to connect with any family?

M: Yes, I visited family in many places. Some cousins grew grapes, and I got to see the harvest. I now correspond with them, and they plan to visit me next year.

WORDS

0641	**ancestor** [ǽnsestər]	名 先祖，祖先 ＝名 forbear（先祖）
0642	**immigrate** [íməgrèit]	動（外国人が）移住する …›動 emigrate（〔自国から / 他国へ〕移住する）
0643	**ignorant** [ígnərənt]	形 無知の；知らない 動 ignore（を無視する）
0644	**initial** [iníʃəl]	形 最初の，初めの；語頭にある 名（名前の）頭文字
0645	**explore** [ikspló:r]	動（を）探検する；（を）調査する

065 先祖

M: 僕の先祖はほかの国からここに移住しました。僕は自分自身の歴史について無知だと感じました。そこで，最初の予定を変更して，昨年スペインに行ったんです。

W: スペインはどうでしたか，Teo？

M: 素晴らしかったです。今までで一番良い旅でした。あの国の都会と田舎の両方を探検して楽しみました。

W: 親族とつながることはできましたか？

M: はい，僕は色々な場所で親族を訪ねました。あるいとこたちはブドウを育てていて，その収穫を見ることができました。今では彼らとやりとりをしていて，来年は彼らが僕を訪ねてくる予定です。

0646	□ **urban** [ə́ːrbən]	形 **都会の，都市の** 形 rural（田舎の） …→形 suburban（郊外の） ⇔名 suburb（郊外）
0647	□ **rural** [rúərəl]	形 **田舎の** ⇔形 urban（都会の）
0648	□ **connect** [kənékt]	動 **をつなぐ；**〖connect with[to] *A*〗***A*** **とつながる** 名 connection（関係） …→動 join（つながる）
0649	□ **harvest** [háːrvist]	名 **収穫；収穫高；収穫物**
0650	□ **correspond** [kɔ̀ːrəspɑ́nd | kɔ̀rəspɔ́nd]	動 〖correspond with *A*〗***A*** **とやりとりをする** 名 correspondence（手紙のやりとり，一致）

STORY 066 Destination Shopping Center

M1: Shall we get the board meeting started? We are building a new commercial shopping center. We plan to also have an online sales channel for each of the stores in the center. It's a new concept.

W: The stores will fit into different categories. There will be a large anchor store with smaller stores around it.

M2: There will also be a fitness center. It's going to be a destination for shoppers.

M1: We will coordinate the opening with one of the restaurants. It will feature a chef with a tasting menu.

W: The center will have contemporary buildings.

WORDS

0651 □	**board** [bɔ́:rd]	名 役員(会)，委員会；板 …→名 official（役員） 動 (に)乗り込む
0652 □	**commercial** [kəmə́:rʃəl]	形 商業の；営利的な 名 コマーシャル 名 commerce（商業）
0653 □	**channel** [tʃǽnl]	名 (伝達)経路；チャンネル；海峡
0654 □	**concept** [kɑ́nsept | kɔ́n-]	名 コンセプト，概念 動 conceive（を思いつく）
0655 □	**category** [kǽtəgɔ̀:ri | -gəri]	名 カテゴリー，範疇，区分

066 目的地となるショッピングセンター

M1: 役員会議を始めましょうか？　私たちは新しい商業ショッピングセンターを建設しています。また，センターの中の各店舗にオンラインの販売経路を設けることも計画しています。これは新しいコンセプトです。

W: 店舗は様々なカテゴリーに分類されます。大規模なアンカーストアの周りに小規模の店舗を並べる予定です。

M2: また，フィットネスセンターも設置します。ここは買い物客の目的地になる予定です。

M1: 私たちはレストランの一店と一緒に開業をコーディネートします。試食メニューとシェフを目玉にするつもりです。

W: センターには現代的な建物が立ち並びます。

0656 □ **anchor** [ǽŋkər]	名〖anchor store〗アンカーストア，大型有名店 動 を固定する
0657 □ **destination** [dèstənéiʃən]	名 目的地，到達地 ㊫ destine（を運命づける）
0658 □ **coordinate** 動[kouɔ́ːrdənèit] 形[kouɔ́ːrdənət]	動 をコーディネートする；を組織する 形 同等の
0659 □ **feature** [fíːtʃər]	動 を目玉にする，を呼びものにする；を特集する　名 特徴
0660 □ **contemporary** [kəntémpərèri | -rəri]	形 現代的な；同時代の

STORY 067 Chemical Company

W1: First, let me welcome you all to our offices today. Let us tell you a little about our company. We produce fuel and other chemical products.

M: These products constitute the core elements of our business.

W2: We are a large international employer. Hiring dedicated employees is critical to our business.

M: Our offices are distributed throughout the world. Employees may be sent to one of our international offices. This will help them learn about the business there.

WORDS

0661	□ **produce** [prədjú:s | -djú:s]	動 を製造する；を引き起こす 名 product（製品） 形 productive（生産的な）
0662	□ **fuel** [fjú:əl]	名 燃料
0663	□ **chemical** [kémikəl]	形 化学的な 名 化学製品 名 chemist（化学者）
0664	□ **constitute** [kánstətjù:t | kɔ́nstitjù:t]	動 を構成する；を占める；を設立する ＝動 establish（を設立する）
0665	□ **core** [kɔ́:r]	形 中心的な；主要な 名 中心（部）

□throughout（のいたるところに）☞No.1197

067 化学会社

W1: まず，皆さん本日は私たちのオフィスへようこそおいでくださいました。私たちの会社について少しお伝えしますね。私たちは燃料とその他の化学製品を製造しています。

M: これらの製品は私たちの事業の中心となる部分を構成しています。

W2: 私たちは世界にまたがる大規模な雇用者です。熱心な従業員を雇用することは私たちのビジネスにとって非常に大切なことなのです。

M: 私たちのオフィスは世界中に分布しています。従業員は国外のオフィスに配属されることもあります。このことは現地のビジネスを学ぶ上で，役に立つでしょう。

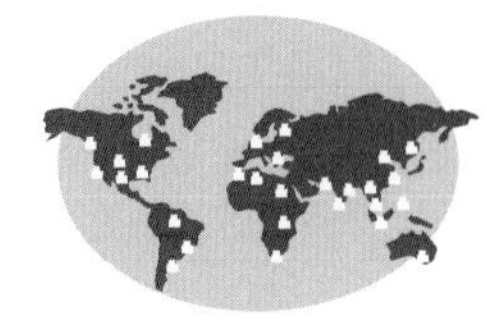

0666 **element** [éləmənt]	名 要素，部分　形 elementary（初歩の）
0667 **employer** [implɔ́iər]	名 雇用者，企業主　⇔ 名 employee（従業員） 動 employ（を雇う）
0668 **dedicated** [dédikèitid]	形 熱心な　＝形 committed（献身的な） 動 dedicate（をささげる）
0669 **critical** [krítikəl]	形 非常に重要な，危機的な；批判的な ＝形 crucial（きわめて重大な）
0670 **distribute** [distríbju:t]	動〘be -ed〙分布している；を分配する 名 distribution（配布）　＝熟 give out *A*（*A* を配る）

STORY 068 Charity

M1: Our company has been flooded with appeals to donate to different charities. There are so many good charities. It has been hard to pick just one.

W: We've decided to donate to one foundation that is an inspiration in medicine. We think that putting our money behind this foundation is the best pick. We think donating to this foundation will make the biggest difference.

M2: They have had a positive impact and show great promise for the future. We are happy to be able to help with their mission. Here is our check for this foundation.

WORDS

0671	**flood** [flʌ́d]	動 (に)殺到する；をあふれさせる；を水浸しにする
0672	**donate** [dóuneit | ―́]	動 (を)寄付する；(血液・臓器など)を提供する 名 donation (寄付〔金〕)　名 donor (ドナー)
0673	**charity** [tʃǽrəti]	名 慈善(事業)；慈悲心
0674	**foundation** [faundéiʃən]	名 基金；基礎；創設　動 found (を設立する) ＝名 establishment (設立)
0675	**inspiration** [ìnspəréiʃən]	名 励まし，激励；感化(する人［物］)；ひらめき　動 inspire (を鼓舞する)

068 慈善事業

M1：私たちの会社には色々な慈善事業へ寄付してほしいという要請が殺到しているんだ。いい慈善事業はとてもたくさんある。１つだけ選ぶのは難しいよ。

W：私たちは医学における励ましになっているある基金に寄付することに決めたわ。私たちはこの基金に資金援助することは一番良い選択だと考えているの。この基金に寄付することで一番大きな変化をもたらすことができると思う。

M2：彼らはプラスの影響をもたらしてきたし，将来に向けて素晴らしい可能性を示しているんだ。私たちは彼らのミッションを手助けすることができて嬉しく思っている。これがこの基金に対しての私たちからの小切手だよ。

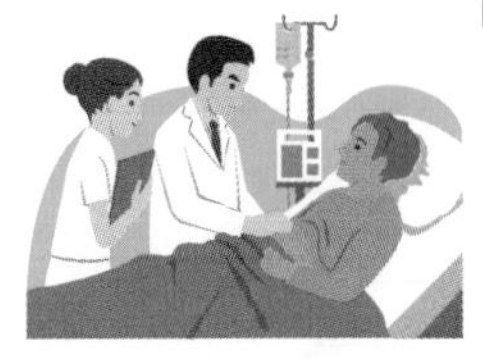

0676 □ **medicine** [médəsin | médsin]	名 医学；医薬 …→名 drug（薬，麻薬） 形 medical（医学の）
0677 □ **impact** [ímpækt]	名 影響（力）；衝撃
0678 □ **promise** [prámis | prɔ́m-]	名 可能性，見込み；約束 ＝名 potential（可能性） 動（を）約束する
0679 □ **mission** [míʃən]	名 ミッション，任務；伝道 名 missionary（伝道師）
0680 □ **check** [tʃék]	名〈米〉小切手（〈英〉cheque）；検査 動（を）調べる；を抑える

STORY 069 A Fortune

M: The founder of our company inherited a fortune. He used some of it to start this company.

W: What did he do with the rest of the money?

M: He invested it in preserving landmark buildings.

W: Interesting. How many buildings has he preserved?

M: I think he has over 100 in his portfolio.

W: Does he have any money left to invest?

M: He's very wealthy. I think he still has plenty of money. Although, some buildings show damage and abuse. It can be costly to repair them.

WORDS

0681 **founder** [fáundər]	名 創立［設］者 動 found（を設立する）
0682 **inherit** [inhérit]	動（を）相続する；を遺伝的に受け継いでいる 名 inheritance（相続）
0683 **fortune** [fɔ́:rtʃən]	名 大金；財産；運　…→名 luck（幸運） 形 fortunate（運の良い）　副 fortunately（幸運にも）
0684 **preserve** [prizə́:rv]	動 を保存［保護］する；を保つ 名 preservation（保存，保護）
0685 **landmark** [lǽndmɑ̀:rk]	名〖形容詞的に〗歴史的な；歴史的建造物；目印となるもの

069 大金

M：僕たちの会社の創業者が大金を相続したんだ。彼はそのお金の一部を使ってこの会社を立ち上げたんだよ。

W：彼は残りのお金をどうしたの？

M：彼は歴史的建造物を保存する活動に投資したんだ。

W：興味深いね。彼は建物をいくつ保存したの？

M：確か彼のポートフォリオには 100 を超える建物があると思うよ。

W：彼には投資するお金が残っているの？

M：彼はとても裕福なんだ。彼はまだ多額のお金を持っていると思う。でも，いくつかの建物には損傷や酷使が見られるんだ。それらを直すのには多額のお金がかかるかもしれないね。

0686 □	**portfolio** [pɔːrtfóuliòu]	名 ポートフォリオ，運用資産の組み合わせ；書類入れ
0687 □	**wealthy** [wélθi]	形 裕福な ＝形 rich（裕福な） ⇔形 poor（貧しい）
0688 □	**plenty** [plénti]	名（物の）豊富さ；〚plenty of *A*〛たくさんの *A*
0689 □	**damage** [dǽmidʒ]	名 損傷，損害 動 に損害を与える；を傷つける
0690 □	**abuse** 名[əbjúːs] 動[əbjúːz]	名 乱用，悪用；虐待 動 を乱用する；を虐待する

STORY 070 The Funeral

M: Erica, were you out of the office yesterday?

W1: Yes, I was at a funeral for a friend. It sounds depressing, but it wasn't at all.

W2: Friends took turns talking about him, and they shared some funny stories. It was amusing and it made people laugh. Consequently, many people left the funeral smiling.

M: That sounds like a nice way to remember him. How did you know him?

W1: He was my former boss. I respected him very much. He had a reputation for being sensitive and kind.

WORDS

0691	**funeral** [fjú:nərəl]	名 葬式
0692	**depressing** [diprésiŋ]	形 気が滅入るような 動 depress（を落ち込ませる） 名 depression（憂鬱）
0693	**take turns**	熟 代わる代わるする
0694	**share** [ʃέər]	動 を共に味わう；(物を) 共有する 名 分け前；役割
0695	**amusing** [əmjú:ziŋ]	形 楽しい；楽しくさせる 動 amuse（を面白がらせる）

070 葬式

M: Erica，昨日はオフィスにいなかったの？

W₁: ええ，私は友達の葬式に参加していたの。気が滅入るように聞こえるけど，全然そうではなかったわ。

W₂: 友達が代わる代わる彼について話して，そして面白いエピソードを打ち明けたの。とても楽しくて，人々は笑っていたわ。その結果として，多くの人はその葬式を笑顔で立ち去ったの。

M: それは彼を思い出すいい方法みたいだね。彼とはどうやって知り合ったの？

W₁: 彼は私の前の上司だったの。私は彼をとても尊敬していたわ。彼には気配りができて親切だという評判があったのよ。

0696	**consequently** [kɑ́nsəkwèntli | kɔ́nsikwəntli]	副 **その結果として** 形 consequent（結果として起こる）
0697	**former** [fɔ́ːrmər]	形（時間的に）**前の**；（2つのうちの順序が）**前の** 副 formerly（以前は）
0698	**respect** [rispékt]	動 を**尊敬する**；を**尊重する**　名 **尊敬** 形 respectful（丁寧な）　形 respective（それぞれの）
0699	**reputation** [rèpjutéiʃən]	名 **評判**；**名声**
0700	**sensitive** [sénsətiv]	形 **気を配る**；**繊細な**；**取り扱いに慎重を要する**

STORY 071 Taking Shortcuts

M: Did you hear that they let Adam go?

W: No, I didn't. What happened?

M: Well, he had been taking shortcuts with his work. He tried to conceal his shortcuts. But when his boss checked on him, Adam didn't deny it. His online reports revealed the truth.

W: Adam did not seem like someone who would cheat to me.

M: I know, but he tried to deliberately deceive someone.

W: What happened after that?

M: He was escorted out of the office.

WORDS

0701	**let *A* go**	熟 *A* を解雇する；*A* を自由にする
0702	**shortcut** [ʃɔ́:rtkʌ̀t]	名 手っ取り早い方法，近道
0703	**conceal** [kənsí:l]	動 を隠す；を秘密にする ＝動 hide（を隠す）
0704	**check on**	熟 を確認する，の真偽を確かめる；を調べる
0705	**deny** [dinái]	動 を否定する 名 denial（拒絶）

071 手っ取り早い方法を取る

M：Adam が解雇されたことを聞いた？

W：いいえ，聞いてないわ。何があったの？

M：それが，彼は仕事に手っ取り早い方法を使っていて。彼はそれを隠そうとしていたんだ。でも，彼の上司が彼を確認したときに，Adam は否定しなかったんだ。彼のオンラインレポートが真実を明らかにしたんだよ。

W：Adam はだますような人には私には見えなかったけど。

M：そうなんだよ，でも彼は誰かを故意にだまそうとしていたんだ。

W：その後何が起こったの？

M：彼はオフィスの外に連れていかれたよ。

0706	**reveal** [riví:l]	動 を明らかにする，を暴く；〚reveal *A* to be *B*〛*A* が *B* であることを示す
0707	**cheat** [tʃí:t]	動 をだます；いかさまをする …▸動 deceive（〔を〕だます）
0708	**deliberately** [dilíbərətli]	副 故意に；慎重に 形 deliberate（故意の）
0709	**deceive** [disí:v]	動（を）だます …▸動 cheat（をだます，慎重な）
0710	**escort** 動[iskɔ́:rt] 名[éskɔ:rt]	動 を連れていく；を護衛する 名 護衛（隊）

STORY 072 Controversy

M: Our company is in a legal fight over a division of land.

W1: How long has this controversy been going on?

W2: It's gone on for decades. They have had people examine the old records to determine the boundary lines of the land.

W1: Why did the fight arise?

M: It's really about a lack of water. The old boundary included a river. The new boundary does not.

W2: A judge will decide on this before the end of the year.

WORDS

0711	**legal** [lí:gəl]	形 法的な，法律の；合法の ⇔形 illegal（違法の）
0712	**division** [divíʒən]	名 分配，分割；相違；部門 動 divide（を分ける）
0713	**controversy** [kántrəvə̀:rsi | kɔ́n-]	名 論争；口論 ＝名 quarrel（口論） …›名 argument（議論）
0714	**decade** [dékeid, dikéid]	名 10年間 …›名 century（100年間，世紀）
0715	**examine** [igzǽmin]	動 を調査する，を検査する；を診察する …›動 investigate（を捜査する）

072 論争

M：僕たちの会社は土地の分配についての法的な争いをしているんだ。

W1：この論争はどのくらい続いているの？

W2：何十年も続いているのよ。彼らは土地の境界線を決定するために古い記録を調査してもらっているの。

W1：なぜその争いは起こったの？

M：それは本当は水不足にまつわることなんだ。古い境界には川が含まれていたんだ。新しい境界には含まれていないんだよ。

W2：年内には裁判官がこのことについて決着をつけるでしょうね。

0716 □ **determine** [ditə́ːrmin]	動 (を)決定する；を特定する 名 determination（決意）
0717 □ **boundary** [báundəri]	名 境界；〖通例 -ies〗限界，範囲 …→名 border（境界線）
0718 □ **arise** [əráiz]	動 起こる；起因する ＝動 occur（起こる）
0719 □ **lack** [lǽk]	名 不足　＝名 shortage（不足）　⇔名 surplus（余剰） 動 (を)欠いている
0720 □ **judge** [dʒʌ́dʒ]	名 裁判官　動 (を)判断する；(の)審査をする 名 judgment（判断力）

STORY 073 Launching a small business

W: My associate and I are launching a small business.

M: Have you leased any office space?

W: We've paid a deposit to a broker for office space in town.

M: You must be excited. Have you reviewed the figures to find out when you need to be profitable?

W: We reviewed the fundamentals. We are taking out a small loan. We need to generate cash by the end of the year.

M: I hope your joint business goes well.

W: Thanks, I hope so too.

WORDS

0721	**associate** 名[əsóuʃiət, -si-] 動[əsóuʃièit, -si-]	名 同僚，仲間 ＝名 colleague（同僚） 動 を関連づける 名 association（協会）
0722	**launch** [lɔ́:ntʃ]	動（を）始める；（新製品）を売り出す 名（事業などの）開始
0723	**lease** [lí:s]	動 を賃借りする；を賃貸しする ＝動 rent（を賃借［貸］する） 名 賃貸借契約
0724	**deposit** [dipázət | -pɔ́z-]	名 手付金；預金 ⇔名 withdrawal（預金の引き出し） 動 を置く；を預金する
0725	**broker** [bróukər]	名 仲介人；仲買人 動 の仲介をする

□loan（借金，貸付金）☞No.1408

073 小さな事業の立ち上げ

W: 私の同僚と私は小さな事業を立ち上げるんだ。

M: もうオフィスにするスペースを借りたの？

W: 市内のオフィスのスペースのための手付金はもう仲介人に払ったわ。

M: それはきっとわくわくしてるだろうね。どのくらいの期間があれば利益が出るか数値をもう再検討したの？

W: 私たちは基礎的な部分については再検討したわ。私たちは少額のローンを組んでいるの。私たちは今年末までに現金を生み出さなければいけないの。

M: 君の共同事業がうまくいくことを願っているよ。

W: ありがとう，私もそう願っているわ。

0726 □ **review** [rivjúː]	動 を再検討する，を吟味する；を復習する 名 再検討，再調査；批評
0727 □ **figure** [fígjər | fígə]	名〖通例 -s〗数（値）；〖〈英略〉-s〗計算；価格；（重要）人物　動〖figure that 節〗～と考える
0728 □ **fundamental** [fʌ̀ndəméntl]	名〖通例 -s〗基本　形 基本的な；必須の 名 fund（基金）　＝形 essential（不可欠の）
0729 □ **generate** [dʒénərèit]	動 を生み出す；を引き起こす
0730 □ **joint** [dʒɔ́int]	形 共同の　名 関節；接合 動 join（〔に〕加わる）

STORY 074 The Game

W: Paul, did you see the game this weekend?

M: It was very exciting. I was not certain the home team would be able to beat the visiting team.

W: I thought briefly that the visiting team was going to defeat them easily. They had a very strong group of defensive players.

M: The climax was great. They scored the crucial points in the last few minutes.

W: This game was a big contrast to the first game a few months ago.

M: Both teams played well and delivered great entertainment for their fans.

WORDS

0731	**certain** [sə́:rtn]	形 〚certain (that) 節〛～ということを確信している 副 certainly（確かに） ⇔形 uncertain（確信がない）
0732	**beat** [bí:t]	動 を打ち負かす；を克服する ＝動 defeat（を破る） 名 打つこと；動悸
0733	**briefly** [brí:fli]	副 少しの間；簡潔に 形 brief（短い）
0734	**defeat** [difí:t]	動 を負かす；を挫折させる ＝動 beat（を打ち負かす） 名 敗北
0735	**defensive** [difénsiv]	形 守備の；防御の ⇔形 offensive（攻撃側の） 動 defend（〔を〕守る）

074 試合

W：Paul，今週末の試合を観た？

M：とても興奮する試合だったよ。僕は地元のチームが遠征チームを破ることができるかどうか確信していなかったんだ。

W：私は遠征チームが地元のチームを簡単に打ち負かすと少しの間思っていたわ。彼らにはとても強い守備の選手が何人かいたから。

M：クライマックスは素晴らしかった。彼らは最後の数分間で決定的な点を入れたんだもの。

W：この試合は2，3カ月前の初試合とはまったくもって正反対だったね。

M：どちらのチームもよくやったし，ファンに素晴らしいエンターテインメントを届けたよね。

0736	**climax** [kláimæks]	名 クライマックス；頂点 動 最高潮に達する
0737	**crucial** [krúːʃəl]	形 決定的な；きわめて重大な ＝形 critical（重大な）　形 vital（きわめて重要な）
0738	**contrast** 名[kántræst｜kɔ́ntrɑːst] 動[kəntrǽst｜-trɑ́ːst]	名 対照；差異　動 を対比する；対照をなす …→動 compare（を比較する）
0739	**deliver** [dilívər]	動 を届ける，を配達する；（演説・講演など）をする　名 delivery（配達）
0740	**entertainment** [èntərtéinmənt]	名 エンターテインメント，娯楽；歓待 動 entertain（を楽しませる）

STORY 075 The Charter

M: Our boss is chartering a boat this weekend for our team. The trip will be covered by corporate funds; it's a reward for working overtime.

W: Are you going fishing?

M: Yes, but there's also another purpose for the trip. It's a time to bond and network with our team.

W: What is the weather going to be like?

M: It will be sunny and warm, so it will be easy to dry out if we get wet fishing.

W: That should ensure a good time for everyone. How many team members are going?

M: I'll have nine companions on the trip.

WORDS

0741	**charter** [tʃɑ́ːrtər]	動 をチャーターする 名 憲章 …→名 constitution (〖C-〗憲法)
0742	**corporate** [kɔ́ːrpərət]	形 会社の；団体[共同]の 名 corporation (企業，会社)
0743	**fund** [fʌ́nd]	名 資金，基金；〖-s〗財源 動 に資金を提供する
0744	**reward** [riwɔ́ːrd]	名 褒美，報酬 …→名 award (賞) 名 prize (賞) 動 に報酬を与える
0745	**overtime** [óuvərtàim]	副 時間外で 名 時間外労働 形 時間外の

075 チャーター

M：僕たちの上司はチームのために今週末ボートをチャーターする予定なんだ。その旅行は会社の資金でまかなわれる。これは時間外労働をしたことに対してのご褒美だね。

W：釣りに行くの？

M：うん，でもこの旅行にはほかの目的もあるんだよ。今回の旅行はチームと絆を深めたり，人脈を作ったりするための時間なんだ。

W：天気はどんな感じになりそうなの？

M：晴れて暖かくなる予定だから，釣りをして濡れても，簡単に乾くだろうね。

W：それならみんなにとって確実に良い時間になるわね。チームの何人が行くの？

M：その旅行には９人の同行者がいる予定だよ。

0746 □ **purpose** [pə́ːrpəs]	名 目的；［-s］意義 …→名 aim（〔具体的な〕目標）　名 end（目的）
0747 □ **bond** [bάnd	bɔ́nd]	動 絆を結ぶ；（を）結合する 名 絆，結束；債券　…→名 tie（つながり）
0748 □ **network** [nétwə̀ːrk]	動（仕事上の）人脈を作る；（を）ネットワーク化する　名 情報網；ネットワーク
0749 □ **ensure** [inʃúər	-ʃɔ́ː]	動 を確実にする ＝熟 make sure of（を確かなものにする）
0750 □ **companion** [kəmpǽnjən]	名 同行者，連れ，友達

STORY 076 New Product

W: Hi, Steven. What are you working on?

M: I'm composing a description of our new product. I just finished the rough draft. I need to make some edits. If you have time, I'd like your input.

W: I would be happy to evaluate it and give you my input. Is this for publication?

M: Yes, we are hoping this new product will revive our sales.

W: Is the product public yet?

M: Only a few customers have used it in their companies, and so far, it has received high praise.

WORDS

0751	**compose** [kəmpóuz]	動（原稿など）を書く；を組み立てる；（を）作曲する 名 composer（作曲家） 名 composition（作品）
0752	**rough** [rʌ́f]	形 おおまかな；ざらざらした；乱暴な 名 下書き 副 roughly（おおよそ）
0753	**draft** [drǽft | drɑ́:ft]	名 下書き；為替手形 動 の下書きをする；を選抜する
0754	**edit** [édit]	名（文章の）修正，編集 動 を修正する；を編集する 名 editor（編集者）
0755	**input** [ínpùt]	名（情報・意見などの）提供；入力 ⇔名 output（出力） 動（を）インプットする

076 新商品

W：ねえ，Steven。何に取り組んでいるの？

M：僕は新製品の説明書を書いているんだ。ざっとした下書きを書き終えたところなんだ。所々修正が必要なんだ。もし君に時間があれば，助言が欲しいな。

W：喜んでそれを評価して私の助言を伝えるわ。これは発表されるの？

M：ああ，僕たちはこの新製品が売り上げを回復させることを望んでいるんだ。

W：その商品はもう一般に発売されているの？

M：ほんの少人数の顧客が彼らの会社で使用しているんだけど，今のところ高い称賛の言葉をいただいているよ。

0756	**evaluate** [ivǽljuèit]	動 を評価する；の価値［量］を見極める
0757	**publication** [pʌ̀bləkéiʃən]	名 発表；出版；出版物 形 public（公開の）
0758	**revive** [riváiv]	動 を回復させる；を生き返らせる；復活する 名 revival（生き返らせること）
0759	**public** [pʌ́blik]	形 公開の；公共の；公的な　名 〘the public〙大衆 名 publication（発表）　名 publicity（世評，広告）
0760	**praise** [préiz]	名 称賛（の言葉）　＝名 compliment（賛辞） 動 を称賛する　⇔動 criticize（〔を〕批判する）

STORY 077 The Hybrid

W: I noticed that you have a new car.

M: Yes, I got a hybrid. It bridges the gap between a gas engine and an electric car. It's nice not to have to fill up the car with gas very often.

W: Did you get any incentives?

M: Yes, there are still some good incentives on hybrids. We were glad to get them before that money dried up.

W: I understand that they will be doing away with incentives by the end of the year.

M: They are making some great progress in the field of hybrids and all electric cars. You might want to wait till the market matures a bit.

WORDS

0761	**hybrid** [háibrid]	名 ハイブリッド車；交配種 形 雑種の；混成の
0762	**bridge** [brídʒ]	動 (差異・隔たりなど)を埋める；に橋をかける 名 橋；橋渡し
0763	**gap** [gǽp]	名 差，相違；隙間 動 (に)割れ目ができる
0764	**fill up**	熟 (を)満タンにする；を満腹にする
0765	**incentive** [inséntiv]	名 奨励金；刺激［励み］(となるもの［こと］)，動機

077 ハイブリッド車

W：あなたは新しい車を持っているのね。

M：ああ，僕はハイブリッド車を買ったんだ。それはガソリンエンジンと電気自動車の差を埋めるものなんだ。しょっちゅう車をガソリンで満タンにしなくていいというのはいいもんだよ。

W：奨励金はもらえたの？

M：うん，ハイブリッド車にはちゃんとした奨励金がまだあるんだ。僕たちはそのお金が底をつく前にもらえて良かったよ。

W：年内には奨励金が廃止されるみたいよ。

M：ハイブリッド車とあらゆる電気自動車の分野では素晴らしい進歩が生まれているよね。君は市場が少し成熟するまで待ったらどう。

0766 □ **dry up**	熟 底をつく，なくなる；乾く，干上がる …→熟 dry out（乾く，干上がる）
0767 □ **do away with**	熟 を廃止する；を捨てる ＝動 abolish（を廃止する）　熟 throw away（を捨てる）
0768 □ **progress** 名[prágres | próu-] 動[prəgrés]	名 進歩；前進　動 進歩する；前進する ⇔名 動 regress（退化；後退する）
0769 □ **field** [fí:ld]	名 分野；畑；野原 ＝名 area（分野）
0770 □ **mature** [mətjúər, -tʃúər | -tjúə, -tʃúə]	動 成熟する；成長する；大人になる 形 大人びた；十分に成長した

STORY 078 Retail Outlet

M: My friend Jane just opened a retail outlet clothing shop here. It is downtown, so the overhead is a bit high. But, the setting is very nice. I think you would enjoy shopping there. Her clothing reflects her passion for beautiful things.

W: I think I would like to visit her shop. Has your friend worked in retail before?

M: Yes, prior to this, she owned and operated stores overseas. She used the proceeds from the sale of those stores to open this new one.

WORDS

0771 **retail** [rí:teil]
名 小売り 副 小売(価格)で
動 を小売りする；小売りされる；を言いふらす

0772 **outlet** [áutlet, -lit]
名 小売販売［直営］店；はけ口

0773 **overhead** 名形[óuvərhèd] 副[óuvərhéd]
名 経常費，一般諸経費
形 頭上の；(経費などが)一般の 副 頭上に［で］

0774 **setting** [sétiŋ]
名 環境，状況；設定

0775 **reflect** [riflékt]
動 を反映する；を映す；(を)反射する
㊔ reflection (反射)

078 小売店

M: 僕の友達の Jane がここで洋服の小売店を開いたばかりなんだ。ここは街の中心部だから，経常費は少し高い。だけど，環境はとてもいいんだ。君はそこで楽しんで買い物できると思う。彼女の服は美しいものへの彼女の情熱を反映しているんだ。

W: 彼女の店に行ってみたいな。あなたの友達は以前に小売業で働いていた経験があるの？

M: ああ，これの前は，彼女は海外にお店を所有して経営していたんだ。彼女はそれらのお店での収益を使ってこの新しいお店を開いたんだよ。

0776 **passion** [pǽʃən]
名 情熱，（激しい）感情；激情；熱
形 passionate（情熱的な）

0777 **prior** [práiər]
形 [事] 前の；優先する；〚prior to *A*〛*A* より前に
…→形 previous（前の） 名 前科

0778 **operate** [ápərèit | ɔ́p-]
動 を経営する；を操作する
…→動 manage（を経営する） 名 operator（操作者）

0779 **overseas** 副[òuvərsíːz] 形[óuvərsíːz]
副 海外に [へ／で] ＝副 abroad（外国に）
形 海外の ＝形 foreign（外国の）

0780 **proceed** 名[próusiːd] 動[prəsíːd]
名 〚the -s〛収益，売上高
動 〚proceed with *A*〛*A*（物事）を続ける

STORY 079 In Training

W: Who do you think is going to take the place of the CEO?

M: It looks like the CEO has already picked out his successor. His name is George. The CEO elevated him to his executive team last month.

W: That's smart. George will need to learn more about the duties of a CEO.

M: The CEO already has George working alongside him. This lets the CEO demonstrate how he deals with problems at work.

W: That will make the transition much easier. I think he'll approve George's new job title at the next company meeting.

WORDS

0781 **take the place of *A***	熟 *A* に取って代わる，*A* の代わりをする ＝動 replace（に取って代わる）
0782 **pick out**	熟 を選び出す；を見分ける，を探し出す ＝動 select（〔を〕選ぶ）
0783 **successor** [səksésər]	名 後継者；取って代わるもの 動 succeed（〔の〕後任となる）
0784 **elevate** [éləvèit]	動 を昇進させる；の価値を引き上げる；を持ち上げる ＝動 promote（を昇進させる）
0785 **executive** [igzékjutiv]	形 取締役の；行政上の 名 重役；〈英〉執行部 動 execute（を実行する）

079 トレーニング中

W：誰が CEO の座を受け継ぐと思う？

M：CEO はもう後継者を選び出したみたいだよ。彼の名前は George。CEO は先月彼を自分の執行部に昇進させたんだ。

W：それは賢いね。George は CEO の仕事についてもっと学ぶ必要があるわね。

M：CEO はもう George を自分のそばで働かせているんだ。こうすることで CEO は仕事の際に自分がどうやって問題に取り組むかを実際に見せて説明することができるからね。

W：そうすると移行がずっと簡単になるね。私は彼が George の新しい仕事の肩書きを次の株主総会で承認すると思うわ。

0786 □ **duty** [djúːti | djúː-]	名 仕事，職務；責務，義務 …→名 obligation（義務）
0787 □ **alongside** [əlɔ́ːŋsáid | əlɔ́ŋ-]	前 と並んで，と並行して；と一緒に 副 そばに，並んで
0788 □ **demonstrate** [démənstrèit]	動 を（実演して）説明する；を証明する 名 demonstration（デモ，実演）
0789 □ **transition** [trænzíʃən, -síʃ-]	名 移行，推移；過渡期 名 transit（輸送，通行）
0790 □ **title** [táitl]	名 肩書き；題 動 に表題を付ける

STORY 080 Clearing my Calendar

W1: I've cleared my calendar for the week before my vacation. That will give me time to catch up on all my work before I leave.

M: I always have so much to do when I come back from vacation. Some of the things are details I didn't get to before I left.

W2: I always intend to finish all my work before I leave on a trip. But I rarely do it. Instead, I leave a big list of things that I have to complete when I return.

W1: Yes, and that can interfere with having fun on your vacation.

M: I don't want to think about work when I'm on vacation. I like to take things at a slower pace and not put any pressure on myself.

WORDS

0791 □ **clear** [klíər]	動 を片付ける；を取り除く 形 明快な 副 離れて ⊕clearly（はっきりと）
0792 □ **catch up**	熟（不足・遅れを）取り戻す；（に）追いつく
0793 □ **detail** [díːteil, ditéil]	名 細かいところ；詳細 動 を詳述する ⊕ in detail（詳細に）
0794 □ **get to** *A*	熟 *A*（仕事など）を始める；*A* に到着する
0795 □ **intend** [inténd]	動〚intend to *do*〛～するつもりである；を意図する

080 予定を空ける

W1：休暇前の1週間は予定を空けてあるの。それで，休みの前に遅れをすべて取り戻す時間ができるわ。

M：休暇から仕事に戻るときはいつもしなければならないことがとてもたくさんあるよ。そのうちのいくつかは，休みの前に手を付けなかった細かいところなんだ。

W2：私はいつも旅行に出かける前に仕事をすべて終わらせるつもりでいるわ。でも，それができることはほとんどないの。それどころか，仕事に戻ったときに完了しなければならないことの膨大なリストを残してしまうの。

W1：そうね，それにそのことは休暇中に楽しむことを妨げることもあるわ。

M：休暇中は仕事のことを考えたくないよ。もっとゆっくりしたペースで物事を処理して，自分にプレッシャーをかけないようにしたいな。

0796 □ **rarely** [réərli]	副 ほとんどない，めったに～ない 形 rare（まれな） ⇒ 副 seldom（めったに～ない）
0797 □ **instead** [instéd]	副 それどころか；代わりに；〚instead of *A*〛*A* の代わりに
0798 □ **complete** [kəmplí:t]	動 を完成させる，を仕上げる 形 完全な　名 completion（完了）
0799 □ **interfere** [ìntərfíər]	動 妨げる；邪魔をする；干渉する 名 interference（邪魔）
0800 □ **pressure** [préʃər]	名 プレッシャー；押すこと；圧力 動 に圧力をかける　動 press（〔を〕押す）

STORY 081 The Boycott

M1: After months of bitter protests, the union has decided to end the boycott.

W: The company has appointed a new person to work on the merger.

M2: This has been a tough time for both sides. I think everyone is relieved that it is over. The new CEO is setting the tone for the future talks. I think the majority of workers feel she is steering the company in a positive direction.

W: At this stage, I think we are all happy to get back to work.

M1: Yes, and I am happy to be getting paid again.

WORDS

0801	**bitter** [bítər]	形 激しい；むごい，つらい；苦い 副 bitterly（激しく） ⇔形 sweet（甘い）
0802	**protest** 名[próutest] 動[prətést]	名 抗議，反対運動 動 異議を唱える；を主張する
0803	**union** [júːnjən]	名 労働組合；同盟
0804	**appoint** [əpɔ́int]	動 を任命する；を約束して決める；を指定する 名 appointment（任命，約束，予約）
0805	**merger** [mə́ːrdʒər]	名 合併，合同 動 merge（〔会社などが〕合併する）

□majority（大多数）☞No.1484

081 ボイコット

M1: 数カ月に及ぶ激しい抗議の後，労働組合はボイコットを終わらせることを決めました。

W: 会社は，その合併に取り組むのに新たな人物を任命しました。

M2: 双方にとってこの数カ月はつらい時期でした。ボイコットが終わって，みんなほっとしていると思います。新たな CEO は将来の協議の基調を定めているところです。彼女が会社を良い方向へ導いていると従業員の大多数が感じていると思います。

W: 現段階では，仕事に戻れてみんな喜んでいると思います。

M1: そうですね，それにまた給料をもらえて嬉しいです。

0806	**tough** [tʌ́f]	形 つらい，骨の折れる；難しい；丈夫な；厳しい
0807	**relieved** [rilíːvd]	形 ほっとした，安堵した 動 relieve（を安心させる）
0808	**tone** [tóun]	名 語調；気風；［set the tone for］の基調を打ち出す 動 の調子を整える
0809	**steer** [stíər]	動 を導く；(を)操縦する 名 〈米略式〉指針
0810	**get back**	熟 戻る，帰る；返り咲く；を返す；を取り返す

STORY 082 The Dropout

M1: Did you read about the founder of that company? Since he was a college dropout, he never received his diploma.

W: Yes, but, he founded a company that made computer components and later sold it for fifty million. So even though he did not receive his degree, he became rich and famous.

M2: He belongs to a small group of distinguished people who did things differently. He had a unique spark. He was not content to walk behind others.

M1: I think that he was remarkable.

WORDS

0811	**dropout** [drɑ́pàut | drɔ́p-]	名 退学者，脱退者；(体制・社会からの) 離脱者
0812	**diploma** [diplóumə]	名 学位；卒業証書；資格免許状
0813	**found** [fáund]	動 を設［創］立する；を建てる；〚be founded on[upon]〛に基づく
0814	**component** [kəmpóunənt]	名 部品；構成要素 形 構成している
0815	**degree** [digríː]	名 学位；程度 ＝名 extent (程度)

082 退学

M1：あの会社の創業者について読んだ？　彼は大学を退学したから，学位を授与されたことが１度もないんだ。

W：ええ，それでも彼はコンピューターの部品を製造する会社を設立して，それを後で5000万ドルで売却したのよ。だから，彼は学位を取得していないけれど，お金持ちになり，有名になったのよね。

M2：彼は，ほかと違うやり方をした優れた人々の小さなグループに属している。彼には独特の輝きがあった。彼は喜んで他人の後ろをついていくことはしなかったんだ。

M1：彼は非凡だったと思う。

0816 □ **distinguished** [distíŋgwiʃt]	形 優れた，著名な 動 distinguish（を見分ける）
0817 □ **unique** [juːníːk]	形 独特の，唯一の；〖略式〗類まれな ＝形 unusual（普通でない）
0818 □ **spark** [spáːrk]	名 輝き；火花　動 への引き金となる 名 動 sparkle（きらめき；火花を発する）
0819 □ **content** [kəntént]	形 満足して；〖be content to *do*〗喜んで～する …›形 satisfied（満足した）　動 を満足させる
0820 □ **remarkable** [rimáːrkəbl]	形 非凡な；注目すべき；珍しい 副 remarkably（目立って，驚くべきことに）

STORY 083 Casually Browsing

W: I stopped at a gallery on my way home from work. I was casually browsing when I found a wonderful gift for my sister for her birthday.

M: What did you find there?

W: It was a teapot imported from China. I liked it because it was deep rather than shallow. It was in very good condition and the price was not excessive. It's an ideal present for my sister. Just last week, she hinted that she would like a teapot for her birthday.

M: It sounds like you have close ties with your sister. I can relate to that. My sister and I spend a lot of time together.

WORDS

0821 □ **gallery** [gǽləri]
名 ギャラリー；美術館；観客
＝名 museum（〈米〉美術館）

0822 □ **casually** [kǽʒuəli]
副 何気なく；偶然に；普段着で

0823 □ **browse** [bráuz]
動（を）見て回る；（を）拾い読みする；（インターネットで［を］）ブラウズする

0824 □ **import** 動[impɔ́ːrt] 名[ímpɔːrt]
動 を輸入する　名 輸入；〘通例 -s〙輸入品
⇔動 名 export（〔を〕輸出する：輸出）

0825 □ **shallow** [ʃǽlou]
形 浅い；浅薄な
⇔形 deep（深い）

083 何気なく見て回る

W: 仕事から帰る途中で，私はギャラリーに立ち寄りました。何気なく見て回っていると，妹の誕生日のための素晴らしいプレゼントを見つけました。

M: そこで何を見つけたのですか？

W: 中国から輸入されたティーポットでした。そのティーポットは浅いというよりはむしろ深かったので気に入りました。とても状態が良く，値段も法外ではありませんでした。それは妹への理想的なプレゼントです。ちょうど先週，彼女は自分の誕生日にティーポットが欲しいとほのめかしていたんです。

M: あなたは妹さんととても仲が良いようですね。わかります。妹と僕も多くの時間を一緒に過ごしていますから。

0826 **condition** [kəndíʃən]	名（健康）状態；〖-s〗状況　…→名 situation（情勢） 動 を慣らす；を左右する
0827 **excessive** [iksésiv]	形 法外な，度を超した　名 excess（超過） ⇔形 moderate（適度の）
0828 **ideal** [aidíːəl | -díəl]	形 理想的な；想像上の　＝形 perfect（最適の） 名 理想；理想的な人［物／事］
0829 **have close ties with *A***	熟 *A* と親密な関係にある ＝熟 have close ties to *A*（*A* と親しい関係にある）
0830 **relate** [riléit]	動 気持ちがわかる，共感する；を関連させる 名 relation（関係）　形 名 relative（比較上の；親族）

STORY 084 The Art Exhibit

W1: Hi! Jeff, Grace. Did you see the new art exhibit?

M: No, we have not seen it yet.

W1: So many people are flocking to it, they are extending it for another 2 weeks. The images are wonderful. We learned a lot about how the artists interacted and influenced each other.

W2: Did you like the statues?

W1: Yes, the artist captured the models' expressions so well. The guide pointed out so many interesting things.

M: We should not put off going. We'll get tickets for next weekend.

WORDS

0831 □ **exhibit** [igzíbit]
名〈主に米〉展覧会；展示品　動 を展示する
名 exhibition（〈主に英〉展覧会）

0832 □ **flock** [flák | flɔ́k]
動 押し寄せる，群がる
名 群れ

0833 □ **extend** [iksténd]
動 を延長する；広がる　＝動 stretch（広がる）
名 extension（拡張）　名 extent（範囲）

0834 □ **interact** [ìntərǽkt]
動 交流する；相互に作用する
名 interaction（相互作用）

0835 □ **influence** [ínfluəns]
動 に影響する，を感化する　名 影響（力）
形 influential（大きな影響を及ぼす）

084 芸術展

W1：ねえ！　Jeff，Grace。新しい芸術展を見た？

M：いいや，僕たちはまだ見ていないよ。

W1：とてもたくさんの人々が押し寄せているから，もう２週間延長されるの。表現が素晴らしいの。芸術家たちがどう交流して互いに影響したかについて多くのことを学んだわ。

W2：彫像は気に入った？

W1：ええ，彫刻家はモデルの表情をとてもよくとらえていた。ガイドはとてもたくさんの興味深いことを指摘してくれたわ。

M：僕らは行くのを先延ばしにすべきじゃないな。来週末のチケットを手に入れるよ。

0836 □ **statue** [stǽtʃuː]	名 彫像
0837 □ **capture** [kǽptʃər]	動（映画・写真などで）をとらえる，を収める；を捕える　名 逮捕，捕えること
0838 □ **expression** [ikspréʃən]	名 表情；表現　＝名 look（表情） 動 express（を表現する）
0839 □ **point out**	熟 を指摘する；に注意を向けさせる
0840 □ **put off**	熟 を先延ばしにする …→動 postpone（を延期する）

STORY 085 The Estimate

M: How long do you think it will take to gather the information for this?

W: Do you want an estimate or an exact time?

M: An estimate is fine.

W: About one week.

M: After you organize the information, can you outline the steps in a diagram? I think a visual is the best way to convey the data. Then, we'll meet with the council to show it to them.

W: Of course. I hope this will convince the council to move forward.

WORDS

0841	**gather** [gǽðər]	動 を集める；集まる ⋯▸動 assemble（を集める，集まる）
0842	**estimate** 名[éstəmət] 動[éstəmèit]	名 概算，見積もり　⋯▸名 quote（見積もり） 動 を評価する；〚estimate *A* at *B*〛*A* を *B* と見積もる
0843	**exact** [igzǽkt]	形 正確な；まさにその　動 を迫る 副 exactly（正確に）
0844	**organize** [ɔ́ːrgənàiz]	動 をまとめる；(を) 準備する 名 organization（組織）　名 organizer（主催者）
0845	**outline** [áutlàin]	動 の要点を述べる；の輪郭を描く ＝動 sketch（の概略を述べる）　名 概略；輪郭

085 見積もり

M：これに関する情報を集めるのにどのくらい時間がかかると思う？

W：概算の時間と正確な時間のどちらをお望みですか？

M：概算で構わない。

W：１週間ほどです。

M：情報をまとめたら，手順を図表にまとめてくれないか？　データを伝えるには視覚資料が一番だと思うんだ。それから僕らが審議会と面会して彼らにそれを見せる予定だ。

W：もちろんです。これで審議会を説得して前進させることを願います。

0846 □ **diagram** [dáiəgræ̀m]	名 図（表） 動 を図で示す
0847 □ **visual** [víʒuəl]	名〚通例 -s〛視覚資料［教材］　形 視覚の …› 形 auditory（聴覚の）
0848 □ **convey** [kənvéi]	動 を伝える；を運ぶ　＝ 動 communicate（を伝える） 動 carry（を運ぶ）
0849 □ **council** [káunsəl]	名 審議会；（市町村の）議会 名 councilor（評議員）
0850 □ **convince** [kənvíns]	動 を納得させる；〚convince *A* to *do*〛*A* を説得して～させる　形 convinced（確信している）

STORY 086 Vacancy

M1: We have a vacancy in one of the units in our office building. We need to find a new tenant. We want to fill this vacancy quickly. We can't waste any time.

W: This sector of the economy is slow right now. Write an ad for a spacious office unit in the business district with fixed rent for one year.

M2: I'll do it today. I'll also pass on the information to the other tenants in our office building. They might know someone who is looking for an office unit.

M1: Thanks for doing this quickly.

WORDS

0851	**vacancy** [véikənsi]	名 空き 形 vacant（空いている）
0852	**unit** [jú:nit]	名（集合住宅の）1部屋，1戸；単位 名 unity（単一〔性〕）
0853	**tenant** [ténənt]	名 借り手，賃借人；占有者
0854	**waste** [wéist]	動 を無駄にする；を荒廃させる 名 浪費；廃棄物　形 wasteful（浪費的な）
0855	**sector** [séktər]	名 部門，分野

086 空室

M₁：オフィスビルの部屋の１つに空きがある。新たな借り手を見つける必要がある。この空きをすぐに埋めたいんだ。一刻も無駄にできない。

W：経済のこの部門は現時点では減速しています。ビジネス地区にあって賃料が１年間固定で，広々としたオフィス用の部屋の広告を書いてください。

M₂：私が今日広告を書きます。また，我々のオフィスビルのほかの借り手にも情報を伝えます。彼らはオフィス用の部屋を探している人を知っているかもしれません。

M₁：迅速にこれに対応してくれてありがとう。

0856 **economy** [ikάnəmi | ikɔ́n-]
名 **経済；節約**
形 economic（経済の）　名 economics（経済学）

0857 **spacious** [spéiʃəs]
形 **広々とした**　⇔ 形 cramped（手狭な）
名 space（空間）

0858 **district** [dístrikt]
名 **地区；地域**
…› 名 area（地域）

0859 **fixed** [fíkst]
形 **固定の；**（考えなどが）**定着した**
動 fix（を取り付ける）

0860 **pass on**
熟 を**伝える**，を**遠慮する**，を**やめておく**
…› 動 reject（を断る）

STORY 087 Online Forum

W1: We've decided to build an online forum for our customers.

M: I like the idea. What format do you think is most appropriate?

W1: We are still discussing that. Our objective is to hear from existing customers.

W2: We also want to make sure the comments and opinions do not offend others. We will restrict inappropriate comments about any people or group.

M: It is important to restrict rude comments. Those would not meet your objectives.

WORDS

0861	**forum** [fɔ́ːrəm]	名 フォーラム，公開討論（会）
0862	**format** [fɔ́ːrmæt]	名 フォーマット；構成，計画 動 の体裁を整える
0863	**appropriate** 形[əpróupriət] 動[əpróuprièit]	形 適している ⇔形 inappropriate（不適当な） 動 を横領する
0864	**objective** [əbdʒéktiv]	名 目的，目標 名 object（目的，物） ＝名 goal（目標） 形 客観的な ⇔形 subjective（主観の）
0865	**existing** [igzístiŋ]	形 既存の，存在する 動 exist（存在する）

087 オンラインフォーラム

W1：私たちは顧客のためにオンラインフォーラムを作ることに決めました。

M：いいと思う。どんなフォーマットが最も適していると思う？

W1：まだ話し合っているところです。私たちの目的は，既存の顧客から意見を聞くことです。

W2：また，コメントや意見がほかの人の気分を害さないことを確実にしたいと思っています。あらゆる人やグループに関する不適切なコメントを規制するつもりです。

M：無礼なコメントを規制することが大切です。君たちの目的に沿わないだろうから。

0866 □ **comment** [kάment | kɔ́m-]	名 コメント；批判
0867 □ **opinion** [əpínjən]	名 意見；世論 …→名 view（意見）
0868 □ **offend** [əfénd]	動 の気分を害する；罪を犯す 名 offense（罪，違反，無礼）
0869 □ **restrict** [ristríkt]	動 を規制する，を制限する 名 restriction（制限）
0870 □ **rude** [rú:d]	形 無礼な ＝形 impolite（無礼な）

STORY 088 The Workshop

M: I know many teachers have been frustrated when we don't have funding for new curriculum. I am happy to say that this workshop is funded with a grant from a large business.

W: We are going to identify the steps for writing an essay.

M: We also want to devise ways to use this new curriculum in innovative ways.

W: We know that your students are at many different levels. We hope teachers will customize this curriculum for their own students.

M: We want to work on this in small groups to get everyone's ideas.

WORDS

0871 □	**frustrated** [frʌ́streitid | frʌstréitid]	形 いら立った ⋯→形 irritated（いらいらした） 動 frustrate（をいら立たせる）
0872 □	**funding** [fʌ́ndiŋ]	名 財源；資金 名 動 fund（資金；に資金を提供する）
0873 □	**curriculum** [kəríkjuləm]	名 カリキュラム，全教科課程
0874 □	**workshop** [wə́ːrkʃɑ̀p | -ʃɔ̀p]	名 ワークショップ，研修会；作業場
0875 □	**grant** [grǽnt | grɑ́ːnt]	名 補助金 動 を認める

088 ワークショップ

M: 新しいカリキュラムのための財源がない間，多くの先生方がいら立っていたことは承知しています。このワークショップが大企業からの補助金を資金源としていることを喜んでお伝えします。

W: 私たちは小論文を書くための手順を確認する予定です。

M: 私たちもこの新しいカリキュラムを革新的なやり方で活用する方法を考え出したいと思っています。

W: 皆さんの生徒が様々なレベルにあることは承知しています。私たちは，先生方がご自身の生徒に合わせてこのカリキュラムをカスタマイズしていただきたいと思っています。

M: 皆さんのアイデアを頂戴するために，小さなグループでこれに取り組みたいと思います。

0876 □ **identify** [aidéntəfài]	動 を確認する；を特定する 名 identification（身分証明書）　名 identity（身元）
0877 □ **essay** [ései]	名 小論文，レポート；随筆
0878 □ **devise** [diváiz]	動 を考え出す；を考案する
0879 □ **innovative** [ínəvèitiv]	形 革新的な；創造力に富んだ
0880 □ **customize** [kʌ́stəmàiz]	動 をカスタマイズする；を注文に応じて作る

STORY 089 The Worksheet

W: I just tried to re-open this worksheet, but I think it's corrupted.

M: What happened?

W: Before I finished, I was deleting a column of statistics. Now it won't open.

M: When did you last save it?

W: I distinctly remember saving it about ten minutes ago.

M: Well, it's not a total loss. You don't have to redo the entire thing then, just the last ten minutes. Go back to your worksheet from ten minutes ago and try exporting it as a chart.

WORDS

0881	**worksheet** [wə́ːrkʃìːt]	名 ワークシート，練習プリント；作業表 …→名 spreadsheet（スプレッドシート）
0882	**corrupt** [kərʌ́pt]	動（データ）を破損する；を（道徳的に）堕落させる 形（プログラム・データが）壊れている
0883	**delete** [dilíːt]	動 を削除する
0884	**column** [kɑ́ləm | kɔ́l-]	名（縦の）列；円柱；コラム記事 ⇔名 row（横の列，行）
0885	**statistics** [stətístiks]	名 統計（資料）；統計学

語注：redo「をやり直す」

089 ワークシート

W：ちょうどこのワークシートをもう１度開こうとしていたところですが，これは破損していると思います。

M：どうしたのですか？

W：閉じる前に，私は統計データの列を削除していました。それが今開かないんです。

M：最後にいつ保存しましたか？

W：10 分ほど前に保存したことをはっきりと覚えています。

M：そうですか，全部失ったわけではないですね。それならすべてをやり直す必要はありません，たった最後の 10 分の分だけです。10 分前のワークシートに戻って，図としてそれをエクスポートできないか試してください。

0886 □ **distinctly** [distíŋktli]	副 はっきりと，明確に；非常に 形 distinct（明らかな） ⇔副 indistinctly（ぼんやりと）
0887 □ **total** [tóutl]	形 全部の；総計の ＝形 complete（完全な） 名 合計 動 合計して～になる 副 totally（まったく）
0888 □ **loss** [lɔ́:s｜lɔ́s]	名 損失；失うこと ⇔名 profit（利益） 動 lose（をなくす）
0889 □ **entire** [intáiər]	形 全部の，全体の；完全な 副 entirely（完全に） ＝形 whole（全体の）
0890 □ **export** 動[ikspɔ́:rt] 名[ékspɔ:rt]	動（データ）をエクスポートする；（を）輸出する 名 輸出 ⇔動 名 import（を輸入する；輸入）

STORY 090 Old Buildings

M: We're testing the paint in these old buildings to see if it contains lead. This metal was used years ago in some paints. At the time, it was not classified as a toxic substance.

W: What do you do if you find lead was used in the paint?

M: We have to be very careful about exposure to lead. In some cases, the buildings are torn down. In other cases, we have to hold off on other work until all traces of lead are gone.

W: You are doing important work. I'm glad to know that you are being careful.

WORDS

0891	**contain** [kəntéin]	動 を含む 名 container（容器）
0892	**lead** [léd]	名 鉛；（鉛筆の）芯 …→名 iron（鉄）　名 steel（鋼鉄）
0893	**metal** [métl]	名 金属 形 metallic（金属〔製〕の）
0894	**classify** [klǽsəfài]	動 を分類する 名 classification（分類）
0895	**toxic** [tɑ́ksik | tɔ́k-]	形 有毒な ⇔形 nontoxic（無毒の）

090 古いビル

M: 私たちはこれらの古いビルのペンキに鉛が含まれていないか見るために，ペンキを検査しているところです。この金属は何年も前にいくつかのペンキに用いられていました。当時は，鉛は有毒物質に分類されていませんでした。

W: ペンキに鉛が使われていたのを見つけたらどうするのですか？

M: 鉛に触れることにはとても気をつけなければなりません。いくつかのケースでは，ビルが壊されます。ほかのケースでは，鉛のすべての痕跡がなくなるまでほかの作業を見合わせなければなりません。

W: 重要な仕事をしているのですね。あなたが注意していることを知って嬉しいです。

0896 □	**substance** [sʌ́bstəns]	名 物質；実質 形 substantial（相当な）
0897 □	**exposure** [ikspóuʒər]	名 触れること，さらすこと；暴露 動 expose（をあらわにする）
0898 □	**tear down**	熟 を壊す；をけなす
0899 □	**hold off**	熟（雨・台風などが遅れて）来ない；〚hold off on *A*〛*A* を見合わせる　＝熟 put off（を延期する）
0900 □	**trace** [tréis]	名 痕跡；〚a trace of *A*〛ほんのわずかの *A* 動 を見つけ出す；を突き止める

COLUMN

3 場所・会社・街

TOEIC では様々な場所が登場します。その人物が働いている場所やどこにいるかを問われることも少なくありません。設問を解くうえで，キーワードになっていることも多いため覚えておきましょう。　※見出し語と重複している語彙もあります。

1 会社

- □ accounting department　熟 経理部
- □ board of directors　熟 役員会
- □ boardroom　名 役員会議室
- □ branch　名 支社
- □ committee　名 委員（会）
- □ distributor　名 販売店
- □ headquarters　名 本部，本社
- □ human resources department　熟 人事部
- □ Inc. (= incorporated)　形 法人組織の
- □ laboratory / lab　名 研究室
- □ layout　名 レイアウト，設計
- □ public relations department　熟 広報部
- □ sales department　熟 営業部
- □ wholesaler　名 卸売業者

2 街など

- □ airlines　名 航空会社
- □ airport　名 空港
- □ court　名 裁判所，（テニスなどの）コート
- □ firm　名（小規模の）会社，事務所
- □ gallery　名 画廊
- □ grocery (store)　名 日用［食料］雑貨店
- □ intersection　名 交差点
- □ museum　名 博物館，美術館
- □ post office　熟 郵便局
- □ rainforest　名 熱帯雨林
- □ real estate　熟 不動産
- □ ride-sharing　名 相乗り
- □ the lost and found　熟 遺失物保管所
- □ trail　名 小道

1500 ESSENTIAL ENGLISH WORDS FOR TOEIC L&R TEST

STAGE 4

▶STORY No.091-120 (30 stories)
▶WORD No.0901-1200 (300 words)

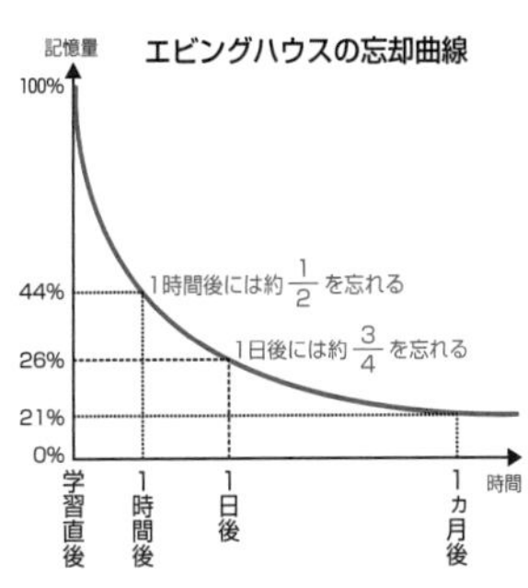

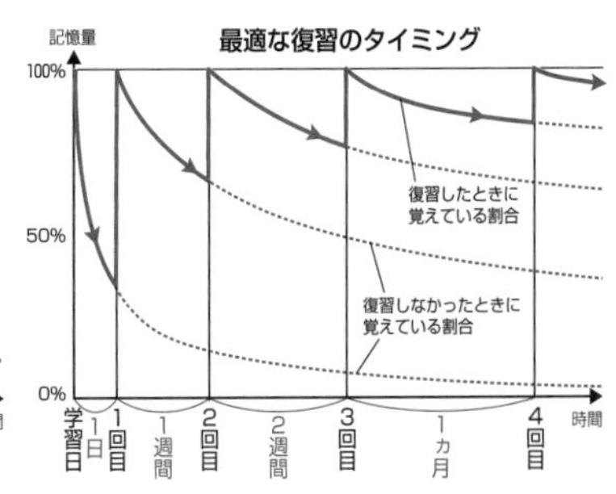

脳科学の研究によると，最も効果的な復習のタイミングは，

❶１回目…学習した翌日

❷２回目…その１週間後

❸３回目…そのまた２週間後

❹４回目…そのまた１カ月後

であると言われています。下の表に学習した日付を記入して，
忘れがちな英単語を効率的に復習していきましょう。

STORY WORD	学習日	１回目	２回目	３回目	４回目
No.091-100 No.0901-1000					
No.101-110 No.1001-1100					
No.111-120 No.1101-1200					

STORY 091 Civic Hall Concert

W: Nathan, are you going to the concert at the Civic Hall? I understand the music was commissioned just for this event.

M: It's the first-time people will be hearing this music. It will be a novel experience. Tickets are selling at a premium. I heard they're approximately 30,000 yen. Are you bringing along a guest?

W: Yes, we are both excited about going. It will be a fancy event. There is an elaborate dinner before the performance.

M: It will be essential to get there early. I'm sure it will be very crowded.

WORDS

0901	**civic** [sívik]	形 市民の；都市の　名 city（都市） …→形 municipal（市［町］の，市営の）
0902	**commission** [kəmíʃən]	動 を依頼する，を発注する　動 commit（を託す） 名 依頼；歩合（制）；委員会
0903	**novel** [nάvəl | nɔ́v-]	形 今までにない，斬新な 名 novelty（真新しさ）　…→名 novel（小説）
0904	**premium** [prí:miəm]	名 割増料金；保険料 形（とても）高価な；品質の良い
0905	**approximately** [əprάksəmətli | -rɔ́k-]	副 およそ，約

091 市民会館のコンサート

W：Nathan，あなた市民会館でのコンサートに行く？　このイベントのためだけに楽曲が依頼されたって聞いたわ。

M：人々がこの音楽を聴くのは初めてだ。今までにない経験になるだろう。チケットは異常に高い値段で売れているよ。およそ３万円だって聞いたよ。君は客を連れていくのかい？

W：ええ，私たち２人ともコンサートに行くのにわくわくしているわ。意匠を凝らしたイベントになるでしょうね。演奏の前には手の込んだディナーがあるのよ。

M：早めに着く必要があるね。きっととても混むよ。

0906 □	**bring along**	熟 を連れていく［くる］；を持ってくる［いく］
0907 □	**guest** [gést]	名 (招待)客；泊まり客 …→ 名 customer (客)
0908 □	**fancy** [fǽnsi]	形 意匠を凝らした；奇抜な；高級な 名 (一時的な)好み；空想　＝ 名 fantasy (空想)
0909 □	**elaborate** 形[ilǽbərət] 動[ilǽbərèit]	形 凝った；入念な 動 (を)詳しく述べる
0910 □	**essential** [isénʃəl]	形 必要な，不可欠の；本質的な 名〚-s〛不可欠なもの　名 essence (本質)

STORY 092 Artificial Intelligence (AI)

W: How do you like your new job, Mark?

M: I like it very much. I'm working on artificial intelligence or AI.

W: I've read some debates about AI. Some people object to it. They think it will deprive people of work in their occupations.

M: I look at AI as a way to transform human labor. I see it as helpful not harmful.

W: You may be right. But I think it's important not to ignore the criticism.

WORDS

0911 **artificial** [ɑ̀ːrtəfíʃəl]
形 人工の；見せかけの
⇔形 natural（自然の） 形 genuine（本物の）

0912 **debate** [dibéit]
名 議論；討論会
動（を）討論する ⋯▸動 discuss（を話し合う）

0913 **object** 動[əbdʒékt] 名[ábdʒikt | ɔ́b-]
動 反対する，異議を唱える
名 物；目的 名 objection（反対）

0914 **deprive** [dipráiv]
動〘deprive *A* of *B*〙*A* から *B* を奪う

0915 **occupation** [ɑ̀kjəpéiʃən | ɔ̀k-]
名 職業，仕事；占有
動 occupy（を占有する）

092 人工知能（AI）

W: 新しい仕事はどう，Mark ?

M: とても気に入っているよ。人工知能，つまり AI の開発をしているんだ。

W: AI についての議論をいくつか読んだわ。AI に反対する人もいるわね。彼らは自分たちの仕事における作業を AI が奪ってしまうと思っているの。

M: 僕は AI を人間の労働を変えるものとしてみているよ。僕は AI を有害なものではなく役立つものとみているんだ。

W: あなたは正しいかもしれない。でも，批判を無視しないことが大切だと思う。

0916 □ **transform** [trænsfɔ́ːrm]	動 を変える；を変形させる ＝動 convert（〚convert *A* into *B*〛*A* を *B* に変える）
0917 □ **labor** [léibər]	名 労働；仕事 動（肉体）労働をする；努力する
0918 □ **harmful** [hɑ́ːrmfəl]	形 有害な 名 動 harm（害；を害する）
0919 □ **ignore** [ignɔ́ːr]	動 を無視する 名 ignorance（無知）　形 ignorant（無知の）
0920 □ **criticism** [krítəsìzm]	名 批判；批評　⇔名 praise（称賛） 名 critic（批評家）

STORY 093 Setting a Benchmark

W1: Household income just set a new benchmark.

M: It seems to be rising with inflation. The number of dual income families is also increasing.

W2: The average income for individuals is also up.

W1: A recent poll shows that most people expect inflation to continue rising.

M: This index shows that productivity is also up. This means the hourly output has increased. That's a good signal.

W2: Generally, this seems to be a time of growth. But, we have to watch inflation carefully.

WORDS

0921 □ **household** [háushòuld, -òuld]	形 世帯の，家族の ＝形 domestic（家庭の） 名 家中の者，家族
0922 □ **income** [ínkʌm]	名 収入，所得
0923 □ **benchmark** [béntʃmɑ̀ːrk]	名 基準 動 を（基準に照らして）評価する
0924 □ **dual** [djúːəl | djúː-]	形 二者の；二重の 熟 dual income（共働き，共稼ぎ）
0925 □ **individual** [ìndəvídʒuəl]	名 個人 形 個々の 副 individually（個々に，それぞれ）

093 基準の設定

W1：世帯収入がまさに新たな基準を打ち立てました。

M：インフレに伴って世帯収入も上昇しているようです。共働きの家庭の数も増えています。

W2：個人の平均所得も上昇しています。

W1：インフレが上昇し続けることをほとんどの人が期待していると，最近の世論調査は示しています。

M：この指標は，生産性も上昇していることを示しています。これは，1時間ごとの生産量が増加していることを意味しています。それは良い徴候です。

W2：全体的に，拡大期にあるようですね。しかし，インフレは注意深く見守らなければなりません。

0926 □ **poll** [póul]	名 **世論調査；投票**　動（票を）**得る；**に**世論調査をする**　＝名 動 survey（調査；に世論調査を行う）
0927 □ **index** [índeks]	名 **指標；索引**
0928 □ **hourly** [áuərli]	形 **1時間ごとの** 副 **1時間ごとに**
0929 □ **output** [áutpùt]	名 **生産量；出力**　⇔名 input（入力） 動 を**出力する**
0930 □ **signal** [sígnəl]	名 **徴候；合図** 動（に）**合図する**

094 Pilot's License

W: Hi, Kai. I heard that you have a new hobby.

M: I'm learning to fly airplanes.

W: That sounds fun. How long will it take to get your license?

M: I have to log 35-40 hours of flight time and 20 hours of instruction. Then I need 10 more hours flying alone to be qualified for my pilot's license.

W: Do you like learning to handle all those precise instruments?

M: Yes, I enjoy learning how to navigate. I'll take you for a ride when I get my license if you like.

W: That would be great.

WORDS

0931	**hobby** [hábi | hɔ́bi]	名 趣味
0932	**license** [láisəns]	名 免許，許可；免許証 動 に（正式な）許可を与える
0933	**log** [lɔ́:g | lɔ́g]	動（飛行機などが）の距離［時間］を航行する；を記録する　名 丸太
0934	**instruction** [instrʌ́kʃən]	名 訓練，教育；〘-s〙取扱説明書，指示 ㊍ instruct（に教える）
0935	**qualify** [kwáləfài | kwɔ́l-]	動 資格を得る；〘qualify *A* as[for] *B*〙*A* に *B* としての［の］資格を与える　㊔ qualification（資格）

094 操縦士の免許

W: ねえ，Kai。あなたが新しい趣味を持っていると聞いたわ。

M: 飛行機の操縦を習っているんだ。

W: 楽しそうね。免許をとるのにどのくらいかかるの？

M: 35 ～ 40 時間の飛行時間と 20 時間の訓練を航行しなければならない。それから，操縦士の免許の資格を得るために，さらに 10 時間の単独飛行が必要だ。

W: そうしたあらゆる精密な計器を扱うことを学ぶのが好きなの？

M: うん，操縦の仕方を学ぶのは楽しいよ。君さえ良ければ，免許がとれたら君を飛行に連れていくよ。

W: それは素晴らしいでしょうね。

0936 □ **pilot** [páilət]	名 操縦士；水先案内人　形 試験的な 動 を操縦する
0937 □ **handle** [hǽndl]	動 を取り扱う；を操作する 名 取っ手
0938 □ **precise** [prisáis]	形 精密な，正確な；まさにその 副 precisely（ちょうど）　名 precision（正確さ）
0939 □ **instrument** [ínstrəmənt]	名 計器，機器；楽器 形 instrumental（重要な，楽器用の）
0940 □ **navigate** [nǽvəgèit]	動（を）操縦する；（を）誘導する；（を）うまく切り抜ける　名 navigation（航行，誘導）

STORY 095 Cruise on the Bay

W: Our group at work is going on a Bay cruise on a sailboat next Friday.

M: That sounds like fun; just wear warm clothes. About midday, when the sun is out, it can be warm. But, it gets cooler at night. I was shocked how cold it got the first time I went out on San Francisco Bay.

W: Thanks for the tip.

M: The further you sail from the harbor, the less shelter you'll have from winds. The Golden Gate Bridge spans the passage that connects San Francisco Bay to the Pacific Ocean. Strong winds blow through there. These winds make it one of the most difficult places to sail.

W: Now, I am a little worried about the trip.

M: If you have any problems, the Coast Guard will come to your rescue.

WORDS

0941	**cruise** [krúːz]	名 クルーズ 動 船旅をする；を（船で）巡遊する
0942	**midday** [míddèi]	名 正午，真昼
0943	**shocked** [ʃákt | ʃɔ́kt]	形 衝撃を受けた；あきれた 動 shock（をぎょっとさせる）
0944	**further** [fə́ːrðər]	副 さらに遠くに［へ］；さらに 形 さらに進んだ
0945	**harbor** [háːrbər]	名（自然の地形を利用した）港 …→名 port（〔商船などが寄港する〕港）

語注：sailboat「ヨット，帆船」

095 湾でのクルーズ

W: 職場の私たちのグループは，次の金曜日ヨットでベイクルーズに行くの。

M: 楽しそうだね，ただ暖かい服を着るようにしてね。太陽が出ている正午頃は暖かいかもしれない。でも，夜には寒くなるからね。僕は初めてサンフランシスコ湾に行ったときの寒くなりように衝撃を受けたよ。

W: アドバイスをありがとう。

M: 港からさらに遠くに離れるほど，風から守ってくれるものが少なくなっていくんだ。ゴールデンゲートブリッジは，サンフランシスコ湾と太平洋をつなぐ通り道にかかっている。そこを強い風が通るんだ。この風のせいでそこは航行が最も難しい場所の１つになっているんだ。

W: なんだか，出かけるのが少し心配になってきたわ。

M: もし問題が起こっても，沿岸警備隊が助けに来てくれるよ。

0946 □ **shelter** [ʃéltər]	名 保護；避難所；住居　＝名 protection（保護） 動 を保護する；避難する
0947 □ **span** [spǽn]	動 にかかっている；に及ぶ 名 期間；範囲
0948 □ **passage** [pǽsidʒ]	名 通路；一節　…→名 walkway（歩道） 動 pass（〔を〕通り過ぎる）
0949 □ **guard** [gɑ́ːrd]	名 警備隊；警備員　動 を守る 名 guardian（番人，保護者）
0950 □ **rescue** [réskjuː]	名 救助 動 を救う　…→動 save（〔を〕救う）

STORY 096 Business Cycle

M: Worldwide sales for our company last year were great. Therefore, we thought our textile division would yield even better profits this year.

W1: However, this business cycle is different. Sales have been slipping. They are likely to stay flat for the rest of the year.

M: A number of factors, including the strong dollar, have been a drag on profits.

W2: What about domestic sales?

M: Domestic sales are better. But they are a small percentage of all our sales.

WORDS

0951	**therefore** [ðέərfɔ̀ːr]	副 したがって，それゆえに ＝副 accordingly（それゆえに）
0952	**textile** [tékstail]	名 織物，布地 …›名 cloth（布〔地〕）
0953	**yield** [jíːld]	動 を生む；（を）産出する 名 産出（物）
0954	**profit** [prάfit | prɔ́f-]	名 利益，収益 形 profitable（利益をもたらす） 副 profitably（有益に）
0955	**cycle** [sáikl]	名 循環，周期 動 循環する；を循環させる

096 景気循環

M： 我が社の昨年の世界的な売り上げは素晴らしかった。したがって，我々の織物部門が今年ははるかに良好な利益を生むだろうと考えたんだが。

W1：でも，今回の景気循環は違います。売り上げは落ちています。売り上げは年末まで横ばいのままの可能性があります。

M： ドル高を含む多くの要因が利益の妨げとなっているね。

W2：国内売り上げについてはどうでしょうか？

M： 国内売り上げの方が好調だ。ただし，それは我が社の売り上げ全体のごく一部に過ぎない。

0956 □ **likely** [láikli]	形 可能性がある；〚be likely to *do*〛～しそうである　副 たぶん
0957 □ **flat** [flæt]	形 横ばいの；平らな
0958 □ **factor** [fǽktər]	名 要因
0959 □ **drag** [drǽg]	名 妨げ　動 を引きずる；のろのろと動く ⋯▸動 pull（を引く）
0960 □ **domestic** [dəméstik]	形 国内の；家庭の　＝形 interior（国内の） ⇔形 foreign（外国の）

STORY 097 Table the Discussion

W: Last week we tabled the discussion about pay. Today we'll continue it. Henry, would you please take the minutes for today's meeting?

M1: Sure, I'd be happy to take the minutes.

W: We also are going to try something new. We're going to stand up for the meeting. Many other companies have standing meetings. They keep the meeting time to a minimum. After the discussion on pay are there other important matters you would like to add to the discussion?

M2: I think we need to modify the handbook for new hires. We need to change the layout, put it online, and insert links to different sections.

W: Good idea, Ben. Can you talk to the hiring department about it?

WORDS

0961 □ **table** [téibl]	動〈米〉を棚上げにする；〈英〉を議題に挙げる 名 表；テーブル
0962 □ **discussion** [diskʌ́ʃən]	名 議論，討論；論文 動 discuss（を話し合う）
0963 □ **minute** [mínit]	名〚the -s〛議事録；（時間の）分 動 を議事録に書く
0964 □ **stand up**	熟 立ち上がる
0965 □ **minimum** [mínimәm]	名 最低限　形 最小（限）の　副 最低限で ⇔ 名 形 副 maximum（最大限；最大限の；最大限で）

097 議論を棚上げする

W: 先週，私たちは給与に関する議論を棚上げにしました。今日はその続きをやります。Henry，今日の会議の議事録をとってくれない？

M1: もちろん，喜んで議事録をとるよ。

W: 新しい試みもします。私たちは立ったまま会議を行うことにします。ほかの多くの会社も立ったままの会議をしています。そうすることで会議時間を最低限に保っているわ。給与の議論の後，追加したいほかの重要な問題はありますか？

M2: 僕は新入社員向けのハンドブックを修正する必要があると思う。僕たちはレイアウトを変えて，ネット上に掲載し，色々な部署へのリンクを挿入する必要がある。

W: いい考えね，Ben。採用部門にそのことを話してみてくれる？

0966 □ **matter** [mǽtər]	名 問題；〚-s〛事態 ⋯→名 problem（問題） 動 重要である
0967 □ **modify** [mádəfài | mɔ́d-]	動（目的に合わせて）の一部を修正する；を緩和する ⋯→動 adapt（を〔変更して〕適合させる）
0968 □ **hire** [háiər]	名〈米〉（新入）社員；賃金；〈英〉賃借り 動〈米〉を雇う；〈英〉を賃借りする
0969 □ **insert** 動[insə́ːrt] 名[ínsəːrt]	動 を挿入する；を書き込む 名 挿入物 名 insertion（挿入，折り込み広告）
0970 □ **link** [líŋk]	名 リンク；関連 動 を接続する；を関係づける ＝動 connect（をつなぐ）

STORY 098 The Peak Time

M: Summer is the peak time for hiring workers at our company. These are seasonal jobs. We open up the seasonal summer jobs in early June. By September, most visitors have cleared out.

W: Is it hard to fill seasonal jobs?

M: We hire mostly college students. In the past it was easy, but last year was an exception. Last year workers were scarce.

W: I see that you have to ferry people back and forth from the island.

M: There's a steady flow of people from the ferry. It can cause traffic jams in the summer.

WORDS

0971	**peak** [pí:k]	形 ピークの；最大の　名 絶頂；(山の)頂 動 頂点に達する
0972	**seasonal** [sí:zənl]	形 季節限定の，季節的な 名 season（季節）
0973	**open up**	熟 を始める；(を)オープンする
0974	**clear out**	熟 いなくなる，立ち去る
0975	**exception** [iksépʃən]	名 例外 動 except（を除く）　形 exceptional（例外的な）

098 ピークの時期

M：夏は僕たちの会社が従業員を雇うピークの時期だ。季節限定の仕事があるからね。夏季限定の仕事を6月上旬に始める。9月までにはほとんど来訪者はいなくなるんだ。

W：季節限定の仕事の枠を埋めるのは難しいの？

M：僕たちはたいていは大学生を雇っている。これまでは簡単だったんだけど，昨年は例外だったね。昨年は従業員が不十分だった。

W：あなたたちは人々をフェリーに乗せて島との間を行ったり来たりしないとならないのね。

M：そのフェリーから安定した人々の流れがあるんだ。夏にはそれが交通渋滞を引き起こすこともあるよ。

0976 □ **scarce** [skéərs]
形 不十分な，乏しい

0977 □ **ferry** [féri]
動 を（船などで）輸送する；フェリーで渡る
名 フェリー

0978 □ **steady** [stédi]
形 安定した，一定の；着実な
副 steadily（しっかりと）

0979 □ **flow** [flóu]
名 流れ
動 流れる，流れるように動く　…→動 pour（流れ出る）

0980 □ **jam** [dʒǽm]
名 詰まること　…→熟 traffic jam（交通渋滞）
動 （場所）を塞ぐ；を詰まらせる

STORY 099 Infrastructure

M: The infrastructure in this city was built in another era.

W: It is very outdated.

M: There are leaks in the city water pipes and structural problems with bridges and roads. For many years, maintenance has been constant patching.

W: The growing population has made problems worse.

M: Yes, it has. Now the administration is modernizing the city with a new water system. They are also building new bridges and roads.

W: There's a great future before us.

WORDS

0981	**infrastructure** [ínfrəstrʌ̀ktʃər]	名 インフラ（ストラクチャー）；（社会・組織・団体の）下部構造
0982	**era** [íərə, érə | íərə]	名 時代；一時代 …→ 名 period（時代） 名 age（時代）
0983	**outdated** [àutdéitid]	形 時代遅れの；古くて正しくない
0984	**leak** [lí:k]	名 漏れ 動 漏れる；を漏らす
0985	**structural** [strʌ́ktʃərəl]	形 構造上の 名 structure（構造）

099 インフラ

M：この都市のインフラは一時代前に造られたんだ。

W：ものすごく時代遅れだよね。

M：市の水道管からは水漏れがあるし，橋や道路にも構造上の問題がある。長年にわたって，整備は応急措置の繰り返しだったんだ。

W：人口増加が問題をさらに悪化させてきたよね。

M：そうだね。今は行政が新しい水道システムで市を近代化し始めているよ。彼らは新しい橋や道路も建設し始めているんだ。

W：私たちの目の前には，素晴らしい未来が広がっているわね。

0986 **maintenance** [méintənəns]
名 整備，保守；維持（された状態）
動 maintain（を維持する）

0987 **constant** [kánstənt | kɔ́n-]
形 繰り返し起こる，絶え間なく続く；一定の
副 constantly（絶えず）　＝形 continual（絶え間のない）

0988 **patching** [pǽtʃiŋ]
名 修繕，応急措置
動 patch（に応急措置をする）

0989 **population** [pɑ̀pjuléiʃən | pɔ̀p-]
名 人口；（一定地域の）全住民

0990 **administration** [ædmìnəstréiʃən, əd-]
名 行政，当局；管理，運営
動 administer（を管理する）

STORY 100 Outbreak

W1: We are in the grip of a severe measles outbreak in our city.

M: The number of sick people is swelling.

W2: We looked for the origin of the outbreak. We found that a visitor with measles carried it to the residents here.

W1: Our resources are stretched thin. We have closed the elementary schools.

M: We are trying to wipe out this disease. We are checking that all residents of the seniors rest home are vaccinated or have already had the measles.

W2: I hope that this targeted tactic works.

WORDS

0991	**be in the grip of *A***	熟 *A*（困難な状況など）により深刻な影響を受けている
0992	**severe** [səvíər]	形 深刻な；厳格な ⋯→形 strict（厳しい） 副 severely（ひどく）
0993	**outbreak** [áutbrèik]	名 大流行；突発的な発生，勃発
0994	**swell** [swél]	動 増大する；を増大させる 名 ふくらみ
0995	**origin** [ɔ́:rədʒin, ár- | ɔ́r-]	名 起源；原因；由来；生まれ 形 original（最初の） 動 originate（起こる）

語注：measles「はしか」

100 大流行

W1：私たちの町は深刻なはしかの大流行に見舞われています。

M：病人の数は増大しています。

W2：私たちは大流行の発端を調査しました。はしかにかかった来訪者がここの住民たちにはしかを持ち込んだということがわかりました。

W1：私たちの資源は底をつきそうです。私たちは小学校を閉校しました。

M：私たちはこの感染症を一掃しようとしています。私たちは，療養所にいるすべての高齢者の住民を対象にワクチンを接種しているか，もしくは，すでにはしかにかかったことがあるかを調べています。

W2：この的を絞った作戦がうまくいくことを願っています。

0996 **resident** [rézidənt, -zədènt]	名 住民；（ホテルの）宿泊客 …→名 inhabitant（住民） 形 住んでいる 名 residence（邸宅）
0997 **resource** [rí:sɔ:rs, -zɔ:rs | rizɔ́:s, -sɔ́:s]	名 〘通例 -s〙資源 熟 human resources（人材）
0998 **wipe out**	熟 を一掃する
0999 **target** [tá:rgit]	動 を目標にする 名 達成目標；標的
1000 **tactic** [tǽktik]	名 作戦；〘-s〙戦法 …→名 strategy（戦略）

語注：vaccinate「にワクチンを接種する」

STORY 101 Suspense

W: Hi, Liam. Have you seen the new movie about the spy in pursuit of the thief? There is more than one suspicious character. It's a thrill to watch.

M: Is that the movie with the witness who suddenly vanishes?

W: Yes, it's like a puzzle that keeps you guessing. I really enjoyed it. The spy has to overcome many obstacles.

M: It sounds like an interesting movie. I plan to go to see it this weekend.

W: It has also won critical acclaim.

WORDS

1001	**pursuit** [pərsúːt | -sjúːt]	名 追跡；追求；〚in pursuit of *A*〛*A* を追跡して 動 pursue（を追求する）
1002	**thief** [θíːf]	名 泥棒
1003	**suspicious** [səspíʃəs]	形 怪しい；疑い深い 動 suspect（に疑いをかける）
1004	**thrill** [θríl]	名 ぞくぞくすること 動 をぞくぞくさせる；わくわくする
1005	**witness** [wítnəs]	名 目撃者；証人 動 を目撃する；の証拠となる

101 サスペンス

W：ねえ，Liam。泥棒の追跡をするスパイについての新作映画を観た？　怪しい登場人物が複数いるの。観てるとぞくぞくするわよ。

M：それは突然姿を消す目撃者が出てくる映画？

W：そう，ずっと推理し続けてしまうパズルみたいなの。とても楽しかった。スパイはたくさんの障害を乗り越えなければならないの。

M：それは面白そうな映画だね。今週末に観に行こうかな。

W：批評家からも絶賛されているわ。

1006 □ **vanish** [vǽniʃ]	動 姿を消す，消える …→動 disappear（見えなくなる）
1007 □ **puzzle** [pʌ́zl]	名 パズル，謎 動 を困らせる
1008 □ **overcome** [òuvərkʌ́m]	動 を乗り越える，を克服する；(に)勝つ
1009 □ **obstacle** [ɑ́bstəkl | ɔ́b-]	名 障害（物），邪魔 ＝名 hindrance（障害物）
1010 □ **acclaim** [əkléim]	名 絶賛，歓呼 動 を称賛する；（拍手喝さいして・歓呼して）を迎える

STORY 102 Wind Tunnel

M: Our company makes wind tunnels for testing aircraft. We mount aircraft models inside the tunnels for testing.

W: Using a model in a wind tunnel seems like a great method for testing.

M: In a wind tunnel test, problems become evident right away. Then the engineers can propose changes to the mechanics. It's like a rehearsal; it can give you insight into things you can improve.

W: How long are your wind tunnels?

M: We build wind tunnels of different lengths depending on what we are testing.

W: Do you test for military or civilian aircraft?

M: We only test civilian aircraft.

WORDS

1011 **mount** [máunt]	動 を設置する；に取りかかる
1012 **method** [méθəd]	名 方法；筋道 …→ 名 way（方法）
1013 **evident** [évədənt]	形 明らかな，明白な 名 evidence（証拠） 副 evidently（明らかに）
1014 **engineer** [èndʒiníər]	名 エンジニア，技術者
1015 **propose** [prəpóuz]	動（を）提案する；（を）計画する 名 proposal（提案） 名 proposition（提案）

102 風洞

M: 私たちの会社は航空機をテストするための風洞を作ります。私たちはテストのために風洞の中に航空機の模型を設置します。

W: 風洞の中で模型を使うのはテストとして素晴らしい方法のようですね。

M: 風洞テストでは問題がすぐに明らかになります。それでエンジニアが機械工に対して修正を提案することが可能になります。それはリハーサルのような感じで，改良できるものを見抜くことができるのです。

W: 御社の風洞はどのくらいの長さなのですか？

M: 何をテストするかによって色々な長さの風洞を作ります。

W: 軍事または民間の航空機をテストするのですか？

M: 私たちは民間の航空機のテストしか行っていません。

1016 □ **mechanic** [mikǽnik, mə-]	名 機械工
1017 □ **rehearsal** [rihə́ːrsəl]	名 リハーサル；リハーサルをすること
1018 □ **insight** [ínsàit]	名 見抜くこと；洞察力 形 insightful (洞察に富んだ)
1019 □ **length** [léŋkθ, léŋθ]	名 長さ 動 lengthen (を長くする)
1020 □ **civilian** [sivíljən]	形 民間の，一般市民の　形 civil (民間の) 名 (軍人・警察などに対して) 一般市民

STORY 103 A Baseline

W: Our boss established a baseline for how much work we need to finish each day to complete the programming.

M: Emily, do you think the baseline is useful?

W: I think it's a handy tool. This is a massive job. If I let the work pile up, I would feel like I'd never be able to finish. This spells out how much work I need to complete each day.

M: What was the basis for the baseline?

W: She used our hours on an equivalent job last year as the basis.

M: Well, that sounds logical.

W: I think it will help me finish my portion of the work on time.

WORDS

1021	**establish** [istǽbliʃ]	動 を制定する；を設立する 名 establishment（設立）
1022	**baseline** [béislàin]	名 基準（線）
1023	**handy** [hǽndi]	形 使いやすい；手近にある
1024	**massive** [mǽsiv]	形 大規模な；巨大な 名 形 動 mass（大きなかたまり；大勢の；集まる）
1025	**pile up**	熟 たまる；をためる；を積み上げる

103 基準

W: 私たちの上司はそのプログラミングを終えるために毎日どのくらい働く必要があるのかという基準を制定したの。

M: Emily，その基準は役に立つと思う？

W: 使いやすい手段だと思うわ。これは大規模な仕事なの。もし仕事をためてしまったら，もう終えることができないように感じるでしょうね。この基準は私が毎日どのくらいの仕事を終えなければならないかを明示してくれるの。

M: その基準の根拠は何だったの？

W: 彼女は，私たちが昨年手掛けた同程度の仕事にかけた時間を根拠にしたの。

M: へえ，それは論理的のようだね。

W: 私はそれが私の分の仕事を時間どおりに終える手助けになると思っているわ。

1026 □ **spell out**	熟 を明示する；を1字1字書く
1027 □ **basis** [béisis]	名 基準；基礎；根拠
1028 □ **equivalent** [ikwívələnt]	形 同等の；相当する …→形 equal（匹敵する） 名 同等のもの ＝名 counterpart（対応するもの）
1029 □ **logical** [lɑ́dʒikəl | lɔ́dʒ-]	形 論理的な ⇔形 illogical（非論理的な） 名 logic（論理）
1030 □ **portion** [pɔ́:rʃən]	名 割り当て；一部 ＝名 share（割り当て）

STORY 104 The Estate

M: Hi, Chloe. Have you seen the beautiful estate on the hill?

W: Yes, I noticed it. Who lives there?

M: No one has lived there since the owner gave it to the city. It's a monument to luxury. There's a furnished mansion with beautiful gardens and fountains around it.

W: That was kind of the owner to give it to the city.

M: I don't think the owner wanted to hang on to it. He spends most of his time on his large ranch outside of the city now. Eventually, it will be open to the public.

W: Well, it's in a prime location high on the hill.

WORDS

1031	**estate** [istéit]	名 (土地を含めた) 屋敷；地所；(ある人のすべての) 財産
1032	**monument** [mánjumənt | mɔ́n-]	名 記念物；[be a monument to *A*] *A* の顕著な例である，*A* のたまもの [功績] である
1033	**luxury** [lʌ́kʃəri, lʌ́gʒə- | lʌ́kʃəri]	名 贅沢，豪華さ；贅沢品 形 豪華な
1034	**furnished** [fə́ːrniʃt]	形 家具付きの ⇔ 形 unfurnished (家具付きでない)
1035	**mansion** [mǽnʃən]	名 大邸宅，屋敷 …→ 名 apartment (〈米〉マンション)

104 屋敷

M：やあ，Chloe。丘の上にある美しい屋敷を見たことがある？

W：ええ，気がついていたわ。誰が住んでいるの？

M：所有者が市に寄贈してからは誰も住んでいないんだ。それは贅沢を顕著に示すものだよ。家具付きの大邸宅とその周りには美しい庭園と噴水があるんだ。

W：それを市に寄贈するなんて所有者は親切だね。

M：僕は，所有者がそれを手放したくなかったとは思わないんだ。彼は今は大部分の時間を市外の大きな牧場で過ごしている。ゆくゆく屋敷は一般公開されるだろうね。

W：ええ，丘の高みの一等地にあるしね。

1036 □ **fountain** [fáuntən]	名 噴水；噴出 動 噴出する；を噴出させる
1037 □ **hang on to *A***	熟 *A* を手放さずにとっておく，*A* を保持する
1038 □ **ranch** [rǽntʃ | rá:ntʃ]	名 牧場；農場
1039 □ **eventually** [ivéntʃuəli]	副 結局は，最後には，ついに ㊕ eventual（最終的な）
1040 □ **prime** [práim]	形 最良の；最も重要な　＝㊕ premier（最重要な） 名 全盛期　㊞ prime minister（〚通例 the ～〛首相）

STORY 105 Insurance applications

W: I'm having considerable trouble with this document.

M: Did you try refreshing the screen?

W: I tried that. It might be the device. I'll turn my laptop off and on again. OK, that worked.

M: What are you working on?

W: I'm working on something for my insurance application.

M: I looked at that website and found it confusing and misleading. It ate up a lot of my time.

W: There's a lot of information, and some of it is very dense. It is not a painless process.

WORDS

1041 □ **considerable** [kənsídərəbl]
形 かなりの，相当な ＝形 significant（かなりの）
副 considerably（かなり） 動 consider（〔を〕熟慮する）

1042 □ **refresh** [rifréʃ]
動（インターネットの画面など）を更新する，；の気分をさわやかにする 名 refreshment（飲食物）

1043 □ **device** [diváis]
名 機器，装置；手段
動 devise（を考案する）

1044 □ **insurance** [inʃúərəns, ínʃuərəns]
名 保険 ＝名 assurance（〈英〉保険）
動 insure（に保険をかける）

1045 □ **application** [æplikéiʃən]
名 申込，申請；応用
動 apply（申し込む） 名 applicant（志願者）

□ screen（画面）☞No.1384

105 保険申込

W: このドキュメントのことでかなり困ってるの。

M: (ネット上の) 画面を更新してみた?

W: それは試してみたわ。機器のせいかも。ノートパソコンを一旦オフにしてから再起動してみるよ。オッケー，うまくいったわ。

M: 何に取り組んでいるの?

W: 私の保険申込のことについて取り組んでいるよ。

M: それについてウェブサイトを見てみたけど，まぎらわしくて，わけがわからないと思った。たくさんの時間をとられたよ。

W: たくさん情報があるし，いくつかは内容がとても理解しにくいの。たやすい手順ではないね。

1046 □ **confusing** [kənfjúːziŋ]	形 わけがわからない 動 confuse (を困惑させる)
1047 □ **misleading** [mislíːdiŋ]	形 まぎらわしい；誤解を招きやすい 動 mislead (を誤解させる)
1048 □ **eat up**	熟 (時間など) をとる，を使い果たす
1049 □ **dense** [déns]	形 (情報が多く) 理解しにくい；(液体などが) 濃い；密集した ＝形 thick (濃い) ⇔形 thin (薄い)
1050 □ **painless** [péinles]	形 たやすい；痛みのない ⇔形 painful (苦しい，痛みのある)

106 Circulation

W1: Hi, Jackson. Is that magazine still in circulation?

M: You can get it in hard copy and online now. They have a broad base of customers. Their sales declined a few years ago, but they picked up when they put it online.

W2: It's always stood out because of its great stories. They have evolved and now have beautiful photographs too. They are expanding their online version.

M: Their hard copy version was out of stock when I tried to get it last month to take on a trip. I was out of luck.

WORDS

1051	**circulation** [sə̀ːrkjuléiʃən]	名 流通；伝達；循環
1052	**broad** [brɔ́ːd]	形 幅広い；概略の …→形 wide（広い） ⇔形 narrow（狭い）
1053	**decline** [dikláin]	動 減少する；（を丁寧に）断る …→動 refuse（〔を〕断る） 名 減少
1054	**pick up**	熟（商売などが）好転する；を拾い上げる；を手に入れる
1055	**stand out**	熟 際立つ；目立つ

106 流通

W1：ねえ，Jackson。その雑誌はまだ流通しているの？

M：今はハードコピー版とオンライン版を手に入れることができるよ。幅広い層の読者がいるんだ。数年前には，売り上げが減少したけど，オンラインに進出したときに回復したんだ。

W2：それはいつも素晴らしい記事のおかげで際立ってたよね。今では進化してきれいな写真も載っているわ。彼らはオンライン版を拡大し始めているの。

M：僕が旅行に持っていこうと思って先月買おうとしたときには，ハードコピー版は在庫切れだったよ。ついていなかったなあ。

1056 □	**evolve** [iválv｜ivɔ́lv]	動 進化する，発展する
1057 □	**expand** [ikspǽnd]	動 を拡大させる；を膨張させる；広がる 名 expansion（拡張）　⇔動 contract（を縮小させる）
1058 □	**version** [və́ːrʒən, -ʃən]	名 版；（個人的な）説明，意見
1059 □	**out of stock**	熟 在庫切れの
1060 □	**out of luck**	熟 ついていない，運が悪い ⇔熟 in luck（ついている，運が良い）

STORY 107 The Drills

M1: What's that noise, Jim?

M2: It's the sound of the drills. They sound very loud. The sound is like a genuine scream. I think we may be compelled to buy some new ones. What do you think, Susan?

W: The boss dismissed us from our department meeting and left quickly, so I couldn't talk to him. I wanted to ask if he minds our department buying some new equipment. We bought those drills over ten years ago.

M1: Well, that's a decent interval to wait before buying new equipment.

M2: I think we should go outside and hang out in the parking lot away from the noise.

W: I'm happy to participate. It will be quieter there.

WORDS

1061 □ **genuine** [dʒénjuin]
形 本物の；心からの
＝形 real（本物の） 形 sincere（心からの）

1062 □ **scream** [skríːm]
名 叫び声，悲鳴
動 金切り声を出す，叫ぶ

1063 □ **compel** [kəmpél]
動 を強いる
＝動 force（に強いる）

1064 □ **dismiss** [dismís]
動 を退ける，を脇に追いやる；を解雇する
名 dismissal（解雇）

1065 □ **mind** [máind]
動 （を）気にする
名 精神；知性

107 ドリル

M1：あれは何の音，Jim ?

M2：ドリルの音だよ。ずいぶんうるさいね。本物の叫び声のようだ。僕たちはいくつか新しい物を買わざるを得ないかもしれないと思うよ。君はどう思う，Susan ?

W：上司は私たちを部内会議から追い払ってすぐに去ってしまったから，話せなかったのよ。私たちの部署が新しい機器を買ってもいいか聞きたかったのに。私たちはそれらのドリルを 10 年以上前に買ったのよ。

M1：うーん，それは新しい備品を買うには結構いい間隔だね。

M2：僕たちは外へ出て，音から離れて駐車場をぶらぶらした方がいいと思う。

W：喜んで参加するわ。そこへ行けばもっと静かになるでしょう。

1066	**equipment** [ikwípmənt]	名 機器，装置；備品 動 equip（に備え付ける）
1067	**decent** [dí:snt]	形 結構いい，まずまずの；きちんとした ＝形 respectable（まともな） ⇔形 indecent（不作法な）
1068	**interval** [íntərvəl]	名 間隔；合間
1069	**hang out**	熟 ぶらぶらする
1070	**participate** [pɑ:rtísəpèit]	動 参加する ＝熟 take part in（に参加する） 名 participant（参加者） 名 participation（参加）

STORY 108 Office Gossip

W: Hi, Jack. I don't want to disturb you. Are you occupied?

M: Hi, Victoria. No, I just finished my report.

W: Can you sign this proposal document for me?

M: Sure. No problem.

W: I also wanted to inquire about some office gossip I heard. Is it true that the head of sales got fired?

M: I will be frank with you. He got fired this morning. His boss is also stepping down. They are going to send an internal email out to inform people about the changes later today.

WORDS

1071 □ **disturb** [distə́ːrb]
動 を邪魔する；を不安にさせる
名 disturbance（騒動）

1072 □ **occupied** [ákjupàid | ɔ́k-]
形 忙しい；使用中の ⇔ 形 unoccupied（暇な）
動 occupy（を占有する）

1073 □ **proposal** [prəpóuzəl]
名 提案（書），申し出；プロポーズ
動 propose（を提案する）

1074 □ **inquire** [inkwáiər]
動（を）聞く，（を）尋ねる
名 inquiry（質問）

1075 □ **gossip** [gásəp | gɔ́s-]
名 噂，陰口
動 噂話をする

108 職場の噂

W: ねえ，Jack。あなたを邪魔したくはないんだけど，忙しい？

M: やあ，Victoria。いや，ちょうど報告書を終えたところだよ。

W: この提案書に署名してもらえる？

M: もちろん。問題ないよ。

W: それから，私が耳にした職場の噂についても聞きたいんだけど。営業部長が解雇されたって本当？

M: 君には率直に言うね。彼は今朝解雇されたんだよ。彼の上司も辞任するんだ。今日この後，職員に変更を知らせる内部メールが送られる予定だよ。

1076	**get fired**	熟 解雇される
1077	**frank** [frǽŋk]	形 率直な；公然の；〚be frank with *A*〛*A*（人）に対して遠慮がない　副 frankly（率直に）
1078	**step down**	熟 辞任する；降りる
1079	**internal** [intə́ːrnl]	形 内部の　⇔ 形 external（外部の） …→ 形 interior（内部の，国内の）
1080	**inform** [infɔ́ːrm]	動（に）知らせる 名 information（情報）

STORY 109 War Zone

W1: An army has invaded that province. The people could not plant crops because of the war.

M: Now there is a famine. Refugees are leaving the area and coming to other provinces.

W2: The people there were already living in poverty. Also, water was precious as they had very little.

W1: Living in a war zone makes everything worse. It will take a long time for the people to recover from these problems.

WORDS

1081	**invade** [invéid]	動 を侵略する，(に)侵入する 名 invasion (侵入)
1082	**province** [prάvins | prɔ́v-]	名 (カナダなどの)州；地方 形 provincial (州の，地方の)
1083	**plant** [plǽnt | plά:nt]	動 を植える；を置く　名 植物；製造工場 名 plantation (大農園)
1084	**crop** [krάp | krɔ́p]	名 作物；収穫高 動 に植え付ける
1085	**famine** [fǽmin]	名 飢饉(ききん)；欠乏

109 紛争地帯

W1：軍はその州を侵略しました。その地域の人々は戦争のせいで作物を植えることができないでしょう。

M：現在，飢饉（ききん）が発生しています。難民はその地域を離れ，ほかの州に来ています。

W2：その地域の人々はすでに貧困の中で暮らしていました。また，水もほとんどないので貴重でした。

W1：紛争地帯に住むということはすべてを悪化させます。その人たちがこれらの問題から立ち直るまでには長い期間を要するでしょう。

1086	**refugee** [rèfjudʒíː]	名 難民
1087	**poverty** [pávərti | pɔ́v-]	名 貧困，貧乏；欠乏 形 poor（貧しい）
1088	**precious** [préʃəs]	形 貴重な；高価な ＝形 valuable（貴重な）
1089	**zone** [zóun]	名 地帯 ⋯▸名 area（地域） 動 を区画する
1090	**recover** [rikʌ́vər]	動 立ち直る；(を) 回復する 名 recovery（回復）

STORY 110 Tropical Vacation

W: Lewis, I heard you were going on a vacation from work.

M: I'm packing my belongings for a tropical vacation. I'm going to the Gulf of Mexico. That's where I can observe sea turtles in their natural state.

W: It sounds like the ultimate vacation.

M: Hunting sea turtles is prohibited in many areas. They do not even scatter when you swim close. You can watch the sea turtles when they rise up to the surface to breathe. You can even swim along with them.

W: Well, send me some pictures of your trip.

WORDS

1091	**pack** [pǽk]	動 に(荷物を)詰める；(の)荷造りをする 名 動 package (包み；を包装する)
1092	**belonging** [bilɔ́ːŋiŋ, -lɑ́ŋ | -lɔ́ŋ]	名 所属している物；〖-s〗持ち物，所有物
1093	**tropical** [trɑ́pikəl | trɔ́p-]	形 熱帯(地方)の
1094	**gulf** [gʌ́lf]	名 湾 …▸ 名 bay (湾)　名 cove (入り江)
1095	**observe** [əbzə́ːrv]	動 (を)観察する；(に)気づく 名 observation (観察)　名 observer (目撃者)

110 熱帯地方での休暇

W：Lewis，あなたが仕事からの休暇をとると聞いたわ。

M：僕は熱帯地方での休暇のために持ち物を詰めているところだよ。僕はメキシコ湾に行く予定なんだ。そこで自然な状態のウミガメを観察することができるんだよ。

W：究極の休暇のようね。

M：ウミガメの捕獲は多くの地域で禁止されているんだ。彼らは近くで泳いでも散っていきさえしないんだよ。ウミガメが息を吸いに水面に上がるときに彼らを見ることができる。一緒に泳ぐことさえできるんだ。

W：へえ，旅行の写真を送ってよ。

1096 □ **state** [stéit]	名 状態；国家；(アメリカの)州 動 をはっきり述べる
1097 □ **ultimate** [ʌ́ltəmət]	形 究極の；最終の …→形 final (最後の) 副 ultimately (最後に)
1098 □ **prohibit** [prouhíbit, prə-]	動 を禁止する；〚prohibit *A* from *doing*〛*A* が～するのを妨げる 名 prohibition (禁止)
1099 □ **scatter** [skǽtər]	動 散り散りになる，散る；をまき散らす ＝動 disperse (を四散させる)
1100 □ **surface** [sə́ːrfis]	名 水面，表面；外見 動 浮上する；表面化する …→動 emerge (現れる)

STORY 111 Ocean Vessels

M: We are a smaller shipping company, so we don't dominate the field. We have 232 vessels. Some of our rivals have up to 715 vessels. Our major rivals transport higher volumes of products.

W: What about paperwork?

M: Our vessels must meet many standards. Our transactions also involve many regulations.

W: I understand there is a trend for smaller shipping companies to join together.

M: You are correct. There have been many changes in this business.

WORDS

1101	**dominate** [dámənèit | dɔ́m-]	動 (で)優位に立つ；(を)支配する ㊎ dominant (支配的な)
1102	**vessel** [vésəl]	名 船舶；容器
1103	**rival** [ráivəl]	名 競合企業，競争相手　動 に匹敵する；と競争する　形 競争相手の
1104	**transport** 動[trænspɔ́:rt] 名[trǽnspɔ:rt]	動 を輸送する　名 輸送；交通手段 ㊔ transportation (〈米〉輸送機関)
1105	**volume** [válju:m, -ljəm | vɔ́l-]	名 量；容積

111　船舶

M：私たちは小規模な海運会社なので，この分野で優位な立場にあるわけではありません。私たちは 232 隻の船舶を持っています。競合企業の中には最大で 715 隻もの船舶を持っているところもあります。私たちの主な競争相手はより多量の製品を輸送しているのです。

W：事務作業についてはどうですか？

M：私たちの船舶はたくさんの基準を満たさなければなりません。また，私たちの業務処理には多くの規制が伴います。

W：私は，小規模な海運業者が合併する傾向にあると聞いているんですが。

M：そのとおりです。この業界にはたくさんの変化がありました。

1106 □ **paperwork** [péipərwə̀ːrk]	名 事務作業；事務書類 …→名 clerk（事務員）
1107 □ **standard** [stǽndərd]	名 基準；規範 形 標準の
1108 □ **transaction** [trænzǽkʃən, træns-]	名（業務）処理；取引
1109 □ **regulation** [règjuléiʃən]	名 規制；〘通例 -s〙規則 動 regulate（を規制する）
1110 □ **trend** [trénd]	名 傾向，トレンド；流行

STORY 112 Translation

W: Can you translate this into Spanish for me, Mike? I have a customer who wants the product warranty in her language.

M: Sure, when do you need it?

W: Tomorrow is fine. How many languages are you fluent in?

M: I can claim fluency in five languages.

W: You must be proud of that.

M: I enjoy learning other languages, so it's not a sacrifice. I strive to add vocabulary by reading in other languages each week. Then I check the meaning of any new words.

W: You sure aren't a passive learner. It sounds like a lifelong project.

WORDS

1111 **translate** [trǽnsleit, trǽnz-]
動 (を)訳す, (を)翻訳する；を移す
名 translation (翻訳)

1112 **warranty** [wɔ́:rənti | wɔ́r-]
名 保証書；保証
＝名 guarantee (保証)

1113 **fluent** [flú:ənt]
形 流暢な；能弁な
副 fluently (流暢に)

1114 **claim** [kléim]
動 と断言する；を要求する
名 主張

1115 **proud** [práud]
形 誇らしい ⇔形 ashamed (恥ずかしく思う)
副 proudly (誇らしげに)

112 翻訳

W: これをスペイン語に訳してくれない，Mike？　製品の保証書を自分の言語で欲しいというお客様がいるのよ。

M: もちろん，いつそれが必要なの？

W: 明日でいいわ。あなたは何カ国語を流暢に話せるの？

M: 僕は５つの言語を流暢に話せると断言できるよ。

W: きっと誇らしいでしょうね。

M: 僕はほかの言語を楽しく学んでいるから（何かを）犠牲にしているわけではないよ。僕は毎週，ほかの言語で読書をしてボキャブラリーを増やすように努力している。そして新しい単語はすべてその意味を確認するんだ。

W: あなたは間違いなく受動的な学習者ではないわね。一生をかけたプロジェクトみたい。

1116 □ **sacrifice** [sǽkrifàis, -rə-]	名 犠牲；いけにえ 動 を犠牲にする；犠牲になる
1117 □ **strive** [stráiv]	動 努力する；奮闘する ㊔ striving（努力）
1118 □ **meaning** [míːniŋ]	名 意味；真意
1119 □ **passive** [pǽsiv]	形 受動的な，消極的な
1120 □ **lifelong** [láiflɔ̀ːŋ | -lɔ̀ŋ]	形 一生をかけた

STORY 113 Birthday Lunch

M: Hi, Emma. We are taking Bob out for a meal for his birthday on Friday. If you're free on Friday, would you like to join in?

W1: Sure, I always enjoy eating out. I'll mark it down on my calendar.

M: Secrecy is key, so don't let him know it's a birthday lunch.

W1: It sounds like fun.

W2: Yes, and I talked to the restaurant and ordered champagne for a birthday toast. I've asked for Pedro to serve us. He's a great waiter and a funny guy. I also will insist on paying the tab at the end.

M: Come to the restaurant at the intersection.

WORDS

1121	**meal** [mí:l]	名 食事 …→名 dinner（正餐〔せいさん〕，ディナー）
1122	**join in**	熟 に加わる
1123	**eat out**	熟 外食する ⇔熟 eat in（自宅で食事をする）
1124	**mark *A* down**	熟 *A* を記録する；*A* を値下げする
1125	**secrecy** [sí:krəsi]	名 秘密厳守，秘密であること

113 バースデーランチ

M: やあ，Emma。僕たちは Bob を金曜日の彼の誕生日に食事に連れていくんだ。もし金曜日が空いていたら，加わらない？

W1: もちろん，私はいつも外食を楽しんでいるの。カレンダーに書き留めておくわね。

M: 秘密厳守が鍵になるから，彼にバースデーランチだとは知られないようにしてね。

W1: 楽しくなりそうね。

W2: ええ，私はレストランと話して誕生日の乾杯用のシャンパンを頼んだわ。Pedro に給仕をしてもらえるように頼んだし。彼は素晴らしいウェイターで，それに面白い人なの。それから，私が最後に勘定を払うように言い張るわ。

M: 交差点のところのレストランに来てね。

1126 □ **toast** [tóust]	名 乾杯；〖通例 the toast〗評判の人
1127 □ **serve** [sə́ːrv]	動 に(飲食物を)出す；のために働く ＝熟 wait on[upon]（に給仕をする，に仕える）
1128 □ **insist** [insíst]	動〖insist on〗と言い張る，を要求する；〖insist (that) 節〗～だと主張する　名 insistence（主張）
1129 □ **tab** [tǽb]	名 勘定(書)；(コンピューターなどの)タブ(キー)
1130 □ **intersection** [íntərsèkʃən]	名 交差点 ＝名 junction（〈英〉交差点）

STORY 114 Symptoms

M: I'm feeling strange today.

W: Oh, Charlie. What sort of strange?

M: I feel like I may be getting sick.

W: What are your symptoms?

M: My stomach is upset, and I feel faint.

W: At least we can rule out a heart attack. You are seldom sick. You should give up trying to work and go home and rest. If you rest, you can get over it quickly.

M: I think I'll go home now even though my wife says I am a difficult patient.

WORDS

1131	**strange** [stréindʒ]	形 変な，奇妙な；見知らぬ …›形 odd（奇妙な） 名 stranger（見知らぬ人）
1132	**sort** [sɔ́ːrt]	名 タイプ，種類 …›名 kind（種類） 動 を分類する
1133	**symptom** [símptəm]	名 症状；徴候 ＝名 indication（徴候）
1134	**upset** 形名[ʌ̀psét, ʌ́psèt] 動[ʌpsét, ʌ́pset]	形（胃などが）不調である；取り乱している 動 の心を乱す　名 混乱
1135	**faint** [féint]	形 気が遠くなりそうな；かすかな； 〚feel faint〛めまいがする

114 症状

M：今日は体調がおかしいんだ。

W：まあ，Charlie。どんなタイプの変調？

M：なんだか病気になりそうな感じがする。

W：どんな症状？

M：胃の調子が悪いし，めまいがする感じ。

W：少なくとも心臓発作を除外することができるね。あなたはめったに具合が悪くならないじゃない。働こうとするのをやめて，家に帰って休んだ方がいいよ。休めば，すぐに回復できるわ。

M：妻は僕のことを気難しい病人だと言うけど，今から家に帰ろうと思う。

1136	**rule out**	熟 を**除外する**；を**不可能にする** ＝動 exclude（を除外する）
1137	**seldom** [séldəm]	副 **めったに～ない**　⇔副 often（よく） …→副 rarely（めったに～ない）
1138	**give up**	熟（を）**やめる**；（考え・希望など）を**捨てる**
1139	**get over**	熟 から**回復する**；を**乗り越える**；を**克服する** ＝動 overcome（を克服する）
1140	**patient** [péiʃənt]	名 **病人，患者**　名 patience（忍耐〔力〕） 形 **忍耐強い**　⇔形 impatient（我慢できない）

STORY 115 Out of order

W: A traffic light is out on the corner of 5th and Vine Streets. The "walk" sign is not working there.

M1: An incident occurred there today when a pedestrian was injured. We need to pinpoint the cause of the problem so it does not happen again.

M2: How long has the light been out?

W: It was out of order for a period of about one hour. The city has been fixing the pavement in that area. Their work might have triggered the problem if they cut any power lines.

M1: We'll tag this traffic light and watch for any future problems.

WORDS

1141	**incident** [ínsədənt]	名 事故；出来事，事件 …→名 occurrence（出来事） 名 accident（事故）
1142	**occur** [əkə́ːr]	動 起こる；〚occur to *A*〛*A*（の心）に浮かぶ 名 occurrence（出来事）
1143	**pedestrian** [pədéstriən]	名 歩行者 形 歩行者専用の
1144	**injure** [índʒər]	動 を傷つける …→動 hurt（を傷つける） 名 injury（傷害）
1145	**pinpoint** [pínpɔ̀int]	動（原因など）を正確に指摘する；の正確な位置を示す 形 きわめて正確な

115 故障

W: ５番街とヴァイン通りの角にある信号機が故障しています。そこでは「歩け」の信号が作動してないんです。

M1: そこで今日事故が起こって歩行者が怪我したんです。二度とそのようなことが起こらないように，問題の原因をちゃんと指摘する必要があります。

M2: どのくらいの間信号が動いていなかったのですか？

W: それは１時間ほどの間故障していました。市がその地域の車道を修理していました。もし彼らが電線を切っていたとしたら，彼らの作業がこの問題を引き起こしたのかもしれませんね。

M1: 私たちはこの信号機にタグをつけてこの先問題がないか監視することにします。

1146 □ **out of order**	熟 故障して，調子が悪く；順序が狂って；乱雑になって
1147 □ **period** [píəriəd]	名 ～間，時期；時代；終止符 …› 名 era（時代） 名 age（時代）
1148 □ **pavement** [péivmənt]	名〈米〉（舗装した）車道；〈英〉（舗装した）歩道；石畳 ＝ 名 sidewalk（〈米〉〔舗装した〕歩道）
1149 □ **trigger** [trígər]	動 を引き起こす，の引き金となる 名（銃砲の）引き金；誘因
1150 □ **tag** [tǽg]	動 に札［標識］をつける 名 札

STORY 116 Freezing the Assets

W: The federal government wanted to combat the computer hacker gang's illegal activities. So, they froze their assets and seized their property.

M: An elite cyber group working for the government cracked the code the criminals used to communicate with each other. That's how the government uncovered this criminal scheme. The cyber group then obtained the computer information to prove the gang guilty in court.

W: The cyber team did great work. They're a really smart group.

M: I'm glad they were caught and that their scheme failed.

WORDS

1151	**federal** [fédərəl]	形 連邦(制)の
1152	**combat** 動[kəmbǽt, kɑ́mbæt | kɔ́mbæt, kʌ́m-] 名[kɑ́mbæt | kɔ́m-]	動 (と)闘う 名 戦闘 ···→名 war(戦争) 名 battle(戦闘)
1153	**freeze** [fríːz]	動 を凍結する;凍る ⇔動 thaw(を解かす, 解ける) 名 凍結
1154	**asset** [ǽset]	名 有用[貴重]なもの;〖通例 -s〗資産, 財産 ⇔名 liability(〖通例 -ies〗負債)
1155	**seize** [síːz]	動 を差し押さえる;を急にぐいとつかむ;を奪い取る

116 資産の凍結

W: 連邦政府はそのコンピューターハッカー集団の不法行為と闘うことを望んでいました。それで，政府は彼らの資産を凍結し，所有物を差し押さえました。

M: 政府のために働くエリートサイバーグループは，犯罪者が互いに通信するために使った暗号を解読しました。それによりこの犯罪計画が明るみに出たんです。そしてサイバーグループは，法廷でその集団が有罪だと証明するためにコンピューター情報を手に入れました。

W: サイバーチームは素晴らしい仕事をしました。彼らは本当に鋭く切れるグループですね。

M: あの一団の連中が捕えられ，彼らの計画が失敗して嬉しいです。

1156 □ **crack** [krǽk]	動 を解読する；を割る；砕ける ⋯→ 動 solve（を解く） 名 ひび；隙間
1157 □ **scheme** [skíːm]	名 計画；陰謀；体系 動 （を）たくらむ
1158 □ **obtain** [əbtéin]	動 を手に入れる，を得る ⇔ 動 lose（を失う）
1159 □ **prove** [prúːv]	動 を証明する；判明する 名 proof（証拠）
1160 □ **guilty** [gílti]	形 有罪の；罪の意識がある 名 guilt（罪悪感） ⇔ 形 innocent（無罪の）

STORY 117 Gross and Net Results

M: I had to give a presentation to the top level of our company hierarchy. I needed to cover the gross and net results of our division.

W: How did your presentation go, Jake?

M: I tried out a little humor, but all I got was an icy response! Fortunately, I have a good grasp of the numbers.

W: Did you get any idea of how it went after your jokes?

M: I got over that hurdle, and to sum it up — it was a success.

W: Sometimes you need to tone it down to make it work. I'm glad it came out well for you.

WORDS

1161 □ **hierarchy** [háiərɑ̀ːrki]
名 階層；〖the hierarchy〗支配層；階層化

1162 □ **gross** [gróus]
形 総計の，すべて込みの，(金額などが)総計の
動 の総収益をあげる

1163 □ **net** [nét]
形 最終的な，正味の　動 の純益をあげる
⇔形 動 gross (総計の；の総収益をあげる)

1164 □ **try out**
熟 を試してみる；挑戦する

1165 □ **icy** [áisi]
形 (氷のように)冷たい；冷淡な；氷の
名 ice (氷)

117 総計結果と最終結果

M: 僕は会社の上層部の人たちにプレゼンをしなければならなかった。僕は自分たちの部署の総合的な結果と最終的な結果について取り扱わなければならなかったんだ。

W: プレゼンはどうだった，Jake ?

M: 少しユーモアを試してみたんだけど，冷たい反応しかもらえなかった！幸運なことに僕は数値をちゃんと把握していたんだ。

W: 冗談の後の成り行きについて何か思うところはあった？

M: あの困難を乗り越えて，簡単に言うと，プレゼンは成功だったよ。

W: 時にはうまくいかせるために調子を和らげることも必要よ。あなたにとって良い結果になって良かったわ。

1166 **grasp** [grǽsp | grɑ́ːsp]	名 把握；握ること　動 をしっかりつかむ ⋯→名 動 grip（把握〔力〕；をしっかりつかむ）
1167 **hurdle** [hə́ːrdl]	名 困難；障害物 動（を）飛び越す
1168 **to sum up**	熟 簡単に言うと，まとめると，概説すると
1169 **tone *A* down**	熟 *A* を和らげる；*A* の調子を下げる；*A* の音量を下げる　⇔熟 tone *A* up（*A* の調子を高める）
1170 **come out**	熟 という結果になる，（結果が）出る；現れる；（外へ）出る；知られる

STORY 118 Body Language

M1: Gestures and facial expressions can show your real emotions. Most people recognize a grin as a good sign. A big smile is even more positive.

W: Body language communicates many things. When you are facing someone, you can assert yourself by standing up straight and looking the other person directly in the eye.

M2: But stiff movements and gestures can show discomfort.

M1: The ritual greeting of a handshake can be ruined if one person refuses to shake hands.

W: I'm glad we talked about this. I'm going to be more careful about my body language in the future.

WORDS

1171 □ **gesture** [dʒéstʃər]
名 ジェスチャー，身振り；意思表示
動 身振りをする

1172 □ **recognize** [rékəgnàiz]
動 を認識する；を認める　名 recognition（認識）
＝動 acknowledge（を認める）

1173 □ **grin** [grín]
名 にこっと笑うこと
動（歯を見せて）にこっと笑う

1174 □ **sign** [sáin]
名 合図；看板；徴候　＝名 indication（徴候）
動（に）署名する

1175 □ **assert** [əsə́ːrt]
動 を主張する；〖assert that 節〗～ということを主張する　名 assertion（〔自己〕主張）

118 ボディーランゲージ

M1：ジェスチャーや顔の表情は人の本当の感情を示すことができます。たいていの人がにこっと笑うことを良い合図だと認識しています。満面の笑みはよりいっそう肯定的です。

W：ボディーランゲージはたくさんのことを伝えます。誰かの方を向いているときに，まっすぐ立ってその人の目をまっすぐ見ることで自己主張することができます。

M2：でもよそよそしい動きやジェスチャーは気まずさを示すことがあります。

M1：握手という儀礼的なあいさつは一方が手を握ることを拒否すれば，台無しになりえます。

W：私たちがこのことについて話して良かったです。私はこれから自分のボディーランゲージについてもっと気を遣おうと思います。

1176 □ **stiff** [stíf]	形 よそよそしい，堅苦しい；(筋肉などが) こった …› 形 rigid (堅い)
1177 □ **discomfort** [diskʌ́mfərt]	名 気まずさ，当惑；苦痛 ⇔ 名 comfort (安心感，心地良さ)
1178 □ **ritual** [rítʃuəl]	形 儀礼的な 名 儀式
1179 □ **ruin** [rú:in]	動 を台無しにする　＝ 動 spoil (を駄目にする) 名 荒廃；破滅；〚-s〛廃墟
1180 □ **refuse** [rifjú:z]	動 (を) 断る；〚refuse to *do*〛～することを拒否する　名 refusal (拒絶)

STORY 119 Out of Context

W: James, did you hear the man next door talking to the reporter last night? He told the reporter he had taken his words out of context. He said his story had characterized him as an egotistic, self-centered person.

M: I could not help but hear them. The reporter said he did not mean to imply that. He said his interpretation was different.

W: Then after an intense discussion, they ended the conversation. Neither of them seemed inclined to drop the quarrel.

M: Their remarks were very loud. I couldn't sleep after they left.

WORDS

1181	**context** [kántekst | kɔ́n-]	名 文脈，前後関係；(事柄の) 背景
1182	**characterize** [kǽriktəràiz]	動 の特徴を (～であると) 描く；を特徴づける
1183	**egotistic** [ìgətístik | ègə-]	形 わがままな，利己主義の ＝形 egoistic (利己主義の)　⇔形 altruistic (利他主義の)
1184	**imply** [implái]	動 をほのめかす；を暗に意味する
1185	**interpretation** [intə̀ːrprətéiʃən]	名 解釈 動 interpret (〔を〕解釈する，〔を〕通訳する)

119 文脈から切り離す

W：James，隣の家の男性が昨晩記者に話しているのを聞いた？ 彼は記者に，記者が自分の言葉を文脈から切り離して使ったと言っていたね。彼は記者の記事が自分をわがままで自己中心的な人物として描いたと言っていた。

M：僕にも聞こえてきてしまったよ。記者は自分はそれをほのめかすつもりはなかったと言っていた。彼は自分の解釈は違うと話していたね。

W：そして激しい議論の末に，彼らは会話を終えた。どちらも口論を中断したい気になっているようには見えなかったね。

M：彼らの発言はとてもうるさかった。彼らが去った後眠れなかったよ。

1186 **intense** [inténs]	形 **激しい；強烈な** …→形 extreme（極度の）
1187 **neither** [níːðər | nái-]	代 **どちらも〜ない** 副 〚neither *A* nor *B*〛*A* も *B* も〜ない
1188 **inclined** [inkláind]	形 **(〜したい)気になって；(〜し)がち** 動 incline（〚incline *A* to *do*〛*A* を〜したい気持ちにさせる）
1189 **quarrel** [kwɔ́ːrəl, kwɑ́ːr- | kwɔ́r-]	名 **口論；文句** 動 **口論する** …→名 動 fight（殴り合い；(と)けんかをする）
1190 **remark** [rimɑ́ːrk]	名 **発言，所見** 動 **意見を述べる** ＝名 動 comment（意見；意見を述べる）

STORY 120 The Baseball Game

W: A group from my office went to the baseball game last weekend.

M: That was an exciting game. One of the players contested the umpire's call very dramatically.

W: We thought the player might be thrown out of the game for that. But after that episode, the players were polite throughout the rest of the game.

M: Weren't they playing for the league title?

W: It was the final match of the year. They had lost to the other team earlier. But, last weekend they got their revenge when they won the game.

WORDS

1191	**contest** 動[kəntést] 名[kántest | kɔ́n-]	動 に抗議する；(を)競う；議論する 名 競争，競技
1192	**umpire** [ʌ́mpaiər]	名 (バドミントン・野球・クリケット・テニスなどの)審判(員)　動 審判をする；を審判［裁定］する
1193	**dramatically** [drəmǽtikəli]	副 大げさに；劇的に；印象的に
1194	**throw *A* out of**	熟 (試合)から *A* を退場させる，(場所：役職から) *A* を追い出す
1195	**episode** [épəsòud]	名 顕著な出来事；エピソード

120 野球の試合

W：私の職場のグループが先週末野球の試合に行ったの。

M：あれは興奮する試合だったね。選手の１人が審判の判定にとても大げさに抗議した。

W：私たちは選手がそのせいで試合から退場させられるかもと思った。でもその出来事の後は，選手たちは残りの試合中ずっと礼儀正しかったわ。

M：彼らはリーグ優勝をかけて戦っていたんじゃないの？

W：年内最後の試合だったの。彼らは以前に相手のチームに負けていたわ。でも，先週末彼らが試合に勝ってリベンジを果たしたのよ。

1196 □ **polite** [pəláit]	形 礼儀正しい，丁寧な　副 politely（丁寧に） …→形 courteous（礼儀正しい）
1197 □ **throughout** [θruːáut]	前 の間ずっと；のいたるところに 副 まったく；始めから終わりまで
1198 □ **league** [líːg]	名 リーグ；同盟　＝名 alliance（同盟） 動 を同盟させる
1199 □ **match** [mætʃ]	名 試合；競争相手 動（と）調和する；（と）一致する；に匹敵する
1200 □ **revenge** [rivéndʒ]	名 リベンジ，復讐 動〚revenge *oneself*〛復讐する

COLUMN 4 副詞・前置詞・接続詞

TOEIC® L&R テストには，様々な副詞・前置詞・接続詞が登場します。特に Part5 は副詞・接続詞を覚えておけば解ける問題も少なくありません。
※見出し語と重複している語彙もあります。

1 位置関係

- □ among 前（3つ以上）の中に
- □ backward 副 後ろに
- □ behind 前 …の背後に

2 時間関係

- □ afterward 副 後で
- □ as long as 熟 …もの間，である限り
- □ during 前 の間じゅう
- □ frequently 副 度々
- □ initially 副 当初
- □ occasionally 副 時々
- □ previously 副 以前に
- □ rarely 副 めったに…ない
- □ right away 熟 すぐに
- □ right now 熟 ちょうど今
- □ scarcely 副 ほとんど…ない
- □ seldom 副 めったに…ない
- □ subsequently 副 後で

3 その他

- □ accordingly 副 それに従って
- □ additionally 副 それに加えて
- □ although 接 とはいえ
- □ altogether 副 すっかり
- □ assuming (that) ... 熟 …と仮定して
- □ by means of 熟 …によって
- □ completely 副 まったく
- □ considering 前 …の割には
- □ defectively 副 不完全に
- □ furthermore 副 その上
- □ generally 副 たいてい
- □ in addition 熟 その上
- □ normally 副 普通に
- □ notwithstanding 前 …であるにもかかわらず
- □ only if 熟 …の場合に限り
- □ plentifully 副 豊富に
- □ provided (that) ... 接 …という条件で
- □ providing 接 もし…ならば
- □ quite 副 まあまあ，割と
- □ regardless of 熟 …にもかかわらず
- □ save 前 …を除いて
- □ unless 接 …でない限り
- □ whereas 接 その一方で

1500 ESSENTIAL ENGLISH WORDS FOR TOEIC L&R TEST

STAGE 5

▶STORY No.121-150 (30 stories)
▶WORD No.1201-1500 (300 words)

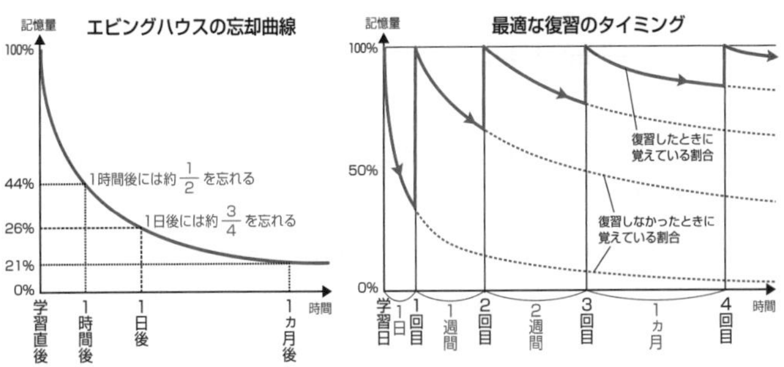

脳科学の研究によると，最も効果的な復習のタイミングは，

❶１回目…学習した翌日

❷２回目…その１週間後

❸３回目…そのまた２週間後

❹４回目…そのまた１カ月後

であると言われています。下の表に学習した日付を記入して，
忘れがちな英単語を効率的に復習していきましょう。

STORY WORD	学習日	1回目	2回目	3回目	4回目
No.121-130 No.1201-1300					
No.131-140 No.1301-1400					
No.141-150 No.1401-1500					

STORY 121 Asking Her Out

M: Have you met the new person in the accounting department?

W: I met her yesterday.

M: I'd like to ask her out.

W: Mason, you should think it over. If it doesn't go well, it could be messy.

M: I don't recall any strict rules about dating if she works in a different department.

W: In principle, you are correct. However, practically it might be awkward if you run into her at work if the date does not go well.

M: She may turn me down when I ask her out.

W: First of all, why don't you invite her for lunch?

WORDS

1201 **accounting** [əkáuntiŋ]	名 会計(学)，経理 名 動 account (請求書；〖account for〗を占める)
1202 **ask *A* out**	熟 *A* をデートに誘う，*A* を(食事などに)招待する
1203 **think *A* over**	熟 *A* についてよく考える，*A* を熟考する
1204 **messy** [mési]	形 面倒な；散らかった；雑な ＝形 chaotic (混沌とした)
1205 **strict** [stríkt]	形 厳密な；厳しい，厳格な 副 strictly (厳しく)

121 彼女をデートに誘う

M：会計部門の新人に会った？

W：彼女には昨日会ったわ。

M：僕は彼女をデートに誘いたいと思っているんだ。

W：Mason，よく考えた方がいいわ。もしうまくいかなかったら，面倒なことになるかもしれない。

M：彼女がほかの部署で働いている場合のデートに関する厳密な規則なんて，何１つ思い出せないけど。

W：原則的には，あなたは正しいわ。でも，現実的には，もしデートがうまくいかなかった場合，職場で彼女に偶然会ったら，気まずいかもしれないわよ。

M：もしかしたら誘うときに断られるかもしれない。

W：まずは，彼女をランチに誘ってみたら？

1206 □ **principle** [prínsəpl]	名 原則，規範；〚in principle〛原則的には
1207 □ **practically** [prǽktikəli]	副 現実的に；ほとんど　＝副 virtually（ほとんど） 形 practical（実践的な）
1208 □ **awkward** [ɔ́:kwərd]	形 落ち着かない；やりにくい；ぎこちない
1209 □ **run into *A***	熟 *A* に偶然会う；*A* にぶつかる；*A* に陥る
1210 □ **turn *A* down**	熟 *A* を断る；*A*（音量など）を小さくする

STORY 122 Working in a Shop

W: I like working in a dress shop, but it's hard to hold back from doing my own shopping. There are so many beautiful things.

M: I agree. I have to pay off my charge cards before I can buy something else. But, sometimes when I am putting away some clothes, I want to try them on. I need to resist that urge.

W: I find ways to justify buying something when I should hold back.

M: It helps me to ask myself if it's necessary to possess a particular outfit.

W: I'll try asking myself that question next time and see if it works for me.

WORDS

1211 □ **hold back**	熟 差し控える，ためらう；を制止する；を秘密にしておく
1212 □ **pay off**	熟 を清算する，を全部払う；を買収する
1213 □ **put away**	熟 を片付ける；をとっておく
1214 □ **try *A* on**	熟 *A* を試着する
1215 □ **resist** [rizíst]	動 (に) 抵抗する；(を) 我慢する；に耐える 名 resistance (抵抗)　形 resistant (耐える)

122 店で働く

W: 私は衣料品店で働くのが好きだけど，自分の買い物を控えるのが大変なの。素晴らしい物がとてもたくさんあるから。

M: 本当にそうだ。僕は何かほかに物を買う前にクレジットカード（で支払った分）を清算しなければならないよ。でも，時々，服を片付けているときにそれらを試着したくなる。そういう衝動に抵抗する必要がある。

W: 我慢しなければいけないときでも，私は物を買うことを正当化する方法を見つけてしまうの。

M: 特定の服を所有することが必要かどうかを自問自答するのは役に立つよ。

W: 次は私もその質問を自問してみて，うまくいくか見てみるわ。

1216 □ **urge** [ə́ːrdʒ]	名 衝動　動 〚urge *A* to *do*〛*A* を～するよう強く勧める　形 urgent（緊急の）
1217 □ **justify** [dʒʌ́stəfài]	動 を正当化する；を正当だと証明する　名 justification（正当化）
1218 □ **necessary** [nésəsèri | -səri]	形 必要な；必然の　＝形 essential（不可欠の）　名 necessity（必要〔性〕）
1219 □ **possess** [pəzés]	動 を所有している；を有している　名 possession（所有）
1220 □ **particular** [pərtíkjulər]	形 特定の；特有の；好みがうるさい　名 〚-s〛詳細　副 particularly（特に）

STORY 123 Recreation

M: Hi, Sarah. I just joined a table tennis team. It's fun recreation. Would you be interested in joining?

W: I'd be happy to come and take part in some of your games as a spectator.

M: It would be nice if you showed up to watch some of our games. We have an interesting lineup of players. We have some veterans who are ranked players. You can look up their profiles online. Others are relatively new to the game.

W: I am looking forward to watching your games.

WORDS

1221 □ **recreation** [rèkriéiʃən]
名 気晴らし；元気回復，休養

1222 □ **take part in**
熟 に参加する
＝熟 participate in（に参加する）

1223 □ **spectator** [spékteitər | −ˊ−]
名 観客，観衆
動 spectate（観戦する）

1224 □ **show up**
熟 来る，現れる

1225 □ **lineup** [láinʌp]
名 顔ぶれ；出場選手；番組表

123 気晴らし

M: やあ，Sarah。僕は卓球部に入ったばかりだよ。楽しい気晴らしになるんだ。入部に興味はある？

W: あなたの試合に観客として参加するのなら喜んで行くわ。

M: 君がいくつかの試合を観に来てくれたらいいな。うちの部の選手は面白い顔ぶれが揃っているんだ。ランキングに入っているベテラン選手が何人かいるし。彼らのプロフィールをオンラインで調べることができるよ。ほかの選手は比較的最近試合に出場し始めたんだ。

W: 試合を観るのを楽しみにしているわね。

1226 □ **veteran** [vétərən]	名 ベテラン，経験豊富な人；退役軍人 ⋯▸名 expert（熟練した人）
1227 □ **rank** [rǽŋk]	動 をランク付けする；位置する 名 階級
1228 □ **look up**	熟 を調べる；（久しぶりに人）を訪ねる
1229 □ **profile** [próufail]	名 プロフィール，紹介；横顔 動 の人物紹介を書く；の輪郭を描く
1230 □ **relatively** [rélətivli]	副 比較的；相対的に 形 relative（関係のある）

STORY 124 A Paper Jam

W: Could you give me some help, Chris? My printer is jammed and I can't extract the paper. I need to print the first, third, and fifth page of this report, but every time I start the printing sequence, I have this problem.

M: Maybe the stack of paper is not straight when you are putting it in the slot. That can cause issues. Slow down; don't be hasty.

W: Thanks. I think you are correct. I was not putting the paper in straight. I'm going too fast. I have to get some more paper from the storage room and start again.

M: I have some spare paper on my desk. What quantity do you need?

W: I can finish this with just 5 more pieces of paper. Thanks.

WORDS

1231	□ **extract** 動[ikstrǽkt] 名[ékstrækt]	動 を引き出す；を抽出する ＝熟 pull out（を引き抜く） 名 抜粋；抽出物
1232	□ **print** [prínt]	動（を）印刷する；を出版する；を掲載する 名 印刷（物），出版物；跡 名 printer（プリンター）
1233	□ **sequence** [síːkwəns]	名 順序；数列；連続するもの 動 を順番に並べる
1234	□ **stack** [stǽk]	名 束，積み重ね 動 を積み重ねる；山と積む
1235	□ **straight** [stréit]	形 まっすぐな；正直な；連続した 副 まっすぐに 動 straighten（をまっすぐにする）

□ piece（【a piece of *A*】 1つの*A*）☞No.1356

124 紙詰まり

W: ちょっと助けてくれない，Chris？　私のプリンターが詰まって紙を引き出せなくなっちゃった。この報告書の1，3，5ページ目を印刷したいんだけど，印刷の手順を始めると，毎回この問題にぶつかるの。

M: もしかしたら差し込み口に入れるときに紙の束がまっすぐじゃないのかもしれない。それは問題を引き起こす可能性があるから。ゆっくりと，急がないでね。

W: ありがとう。あなたが正しいと思う。私は紙をまっすぐ入れていなかったわ。急ぎすぎね。保管室からもっと多くの紙を取ってきて再開しないと。

M: 僕の机に予備の紙が何枚かあるよ。どのくらいの量が必要？

W: あとちょうど5枚で終えられるの。ありがとう。

1236 □ **slot** [slát｜slɔ́t]	名 **挿入口；細長い穴** 動 **を差し込む；はまる**
1237 □ **hasty** [héisti]	形 **急いだ；せわしい** …→形 quick（速い）　形 hurried（あわただしい）
1238 □ **storage** [stɔ́:ridʒ]	名 **保管，貯蔵** 名 動 store（蓄え；を蓄える）
1239 □ **spare** [spέər]	形 **予備の**　動（時間・金など）を**さく** 名 **予備品**
1240 □ **quantity** [kwántəti｜kwɔ́n-]	名 **量；分量** ⇔名 quality（質）

STORY 125 Mining Rights

M: That organization has staked a lot on mining rights for minerals in this area.

W: I understand that the mining rights can be separate from ownership of the land.

M: Sometimes there's partial ownership for mining rights.

W: Do you think the organization will decide to exercise its rights anytime soon?

M: It's very possible.

W: Do you think they might build a drilling platform off the coast?

M: Sure, but it will happen in phases. The local people in this area might oppose it.

WORDS

1241	**organization** [ɔ̀ːrgənizéiʃən | -nai-]	名 機関，組織；組織化
1242	**stake** [stéik]	動 を賭ける；を杭で囲む　＝動 bet（〔を〕賭ける） 名 杭
1243	**mine** [máin]	動 を採掘する；坑道を掘る　名 鉱坑，鉱山 ㊔ mineral（鉱物；ミネラル）
1244	**separate** 形[sépərət] 動[sépərèit]	形 離れた；別個の　動 を分ける；分かれる ㊔ separation（分離）
1245	**ownership** [óunərʃìp]	名 所有権；所有者であること

125 採掘権

M: あの機関はこの地域の鉱物の採掘権に多額を賭けている。

W: 採掘権は土地所有権とは分けることができるんだね。

M: 時には採掘権の部分的な保有というのもあるんだ。

W: その機関が近いうちにその権利を行使しようと決定すると思う？

M: その可能性は十分あるね。

W: 彼らは海岸から離れたところに掘削プラットホームを作るかもしれないと思う？

M: もちろん，でもそれは段階的に起こるだろうね。この地域の人たちは反対するかもしれないよ。

1246 □ **partial** [pá:rʃəl]	形 **部分的な，一部の；不公平な** ⇔ 形 complete（全部の） 形 impartial（偏らない）
1247 □ **exercise** [éksərsàiz]	動 **を行使する；を及ぼす；運動をする** 名 **運動；練習**
1248 □ **coast** [kóust]	名 **海岸，沿岸**
1249 □ **phase** [féiz]	名 **段階；相**
1250 □ **oppose** [əpóuz]	動（に）**反対する** 形 opposite（反対側の） 名 opposition（反対） 名 opponent（反対者）

STORY 126 Parting Ways

M: These two companies have decided to part ways. They are moving gradually to dissolve their partnership. They will be careful to fulfill orders from customers, so there won't be negative results for them.

W1: It sounds like the situation is fluid at this time. The framework for their new agreements with customers will probably be different.

W2: What's the outlook like for the future of these two companies?

M: I think they both have solid futures ahead of them. They are being careful as they dissolve their partnership, which is very smart. I think this will help them keep their customers.

WORDS

1251 □ **part ways**	熟 たもとを分かつ，分かれる；〖part ways with *A*〗*A* と決別する 副 partly (部分的に)
1252 □ **gradually** [grǽdʒuəli]	副 段階的に，次第に 形 gradual (徐々の)
1253 □ **dissolve** [dizálv | -zɔ́lv]	動 を解消する；を溶かす；溶ける；消える …→ 動 melt (溶ける)
1254 □ **partnership** [pá:rtnərʃip]	名 (ビジネス上の) 提携，共同
1255 □ **fulfill** [fulfíl]	動 を満たす；を実現させる

126 たもとを分かつ

M：この2社はたもとを分かつことを決めた。彼らは段階的に提携を解消する方向に動く予定だ。彼らは慎重に顧客からの注文を満たしていくだろうから，顧客にとってマイナスの結果にはならないよ。

W1：今の段階では状況が流動的なようね。両社の顧客との新しい合意の枠組みはおそらく違ったものになるでしょう。

W2：この2社の将来の見通しはどうなっているのでしょうか？

M：僕は両社とも安定した未来が待っていると思う。彼らは提携の解消を慎重に進めていて，それはとても賢明なことだ。僕はこれが顧客を引き留めるのに一役買うと思う。

1256 ☐ **negative** [négətiv]	形 **マイナスの；良くない；否定の** ⇔ 形 positive（肯定的な，前向きの）
1257 ☐ **fluid** [flúːid]	形 **流動的な；なめらかな；液体の** 名 **流体**　⇔ 形 名 solid（固体の；固体）
1258 ☐ **framework** [fréimwə̀ːrk]	名 **枠組み；骨組み；体制**
1259 ☐ **outlook** [áutlùk]	名 **見通し；**（人生・世の中などに対する）**態度**
1260 ☐ **solid** [sɑ́lid | sɔ́l-]	形 **安定した；中身がつまっている；固体の** 名 **固体**　⇔ 形 名 liquid（液体の；液体）

STORY 127 Withdrawal

M: Our third partner country has decided to withdraw their support for this treaty.

W: That's very bad news. Without them, we will not get universal support from our regional countries.

M: Is your country open to revising the treaty a bit to get their support?

W: My President had hoped we would not have to resort to that. I will try to talk to him at the reception tonight. I'll see if we can reach any permanent changes.

M: I think it's in all our national interests not to exclude them from this treaty.

W: I agree. I hope we can make it work.

WORDS

1261	**withdraw** [wiðdrɔ́:, wiθ-]	動 を撤回する；を退かせる；手を引く 名 withdrawal（撤回）
1262	**treaty** [trí:ti]	名 協定，（国家間の）条約 動 名 treat（〔を〕扱う；もてなし）
1263	**universal** [jù:nəvə́:rsəl]	形 全員の；全世界の；普遍的な 名 universe（宇宙）
1264	**revise** [riváiz]	動 を見直す，を変える；を修正する 名 revision（改訂）
1265	**president** [prézidənt]	名 〖しばしば P-〗大統領，〈米〉社長 …→名 vice-president（副大統領，〈米〉副社長）

127 撤回

M: 我々の第3パートナー国はこの協定への支持を撤回することを決定しました。

W: それはとても悪いニュースですね。彼らなしでは我々の地域の国々からの全員の支持は得られません。

M: あなたの国は彼らの支持を得るために協定を少し見直すという可能性は開かれていますか？

W: 我が国の大統領はその手に頼らずにすむように願ってきました。今夜レセプションで彼と話をしてみます。私たちが何らかの永続的な変更に達することができるか試してみようと思います。

M: 彼らをこの協定から除外しないことは国益の1つだと思います。

W: そうですね。うまくいくように願っています。

1266 □ **resort** [rizɔ́:rt]	動 〖resort to *A*[*doing*]〗*A* [～すること] に頼る 名 頼ること
1267 □ **reception** [risépʃən]	名 レセプション，宴会；フロント，受付；反応
1268 □ **permanent** [pə́:rmənənt]	形 永続的な，耐久の；常設の ⇔ 形 temporary（一時的な）
1269 □ **national** [nǽʃənl]	形 国家の；全国的な；〖national interests〗国益 名 国民　名 nationality（国籍）
1270 □ **exclude** [iksklú:d]	動 を除外する；を締め出す　⇔ 動 include（を含む） 形 exclusive（独占的な）

STORY 128 Hiding the Money

M1: Did you read that the president of that company was sentenced to prison?

M2: He pocketed millions of dollars from the company. He drained money from the company for many years. Then he hid it in foreign banks. People were surprised at the extent of his crimes.

W: I read that the new president is very upright and moral. He has said he will reform the company. He has already instituted many changes.

M1: Still, he will need sufficient time to reform the company.

WORDS

1271	**sentence** [séntəns]	動 に判決を下す ⋯▸ 動 rule（〔を〕裁決する） 名 文；宣告
1272	**pocket** [pákit | pɔ́k-]	動 を着服する；をポケットに入れる 名 ポケット；所持金 形 小型の
1273	**drain** [dréin]	動 を流出させる；の水を抜く；排水する 名 排水溝
1274	**extent** [ikstént]	名 程度，範囲；広さ 動 extend（を延長する）
1275	**crime** [kráim]	名 犯罪 名 形 criminal（犯罪者；罪を犯した）

128 金を隠す

M1：あの会社の社長に刑務所行きの判決が下されたのを読んだ？

M2：彼は会社から何百万ドルもの金を着服したからね。彼は長年にわたって会社からお金を流出させていたんだ。そしてその金を外国の銀行に隠していたんだよ。人々は彼の犯罪の程度に驚いていたよ。

W：新しい社長はとても正直で道徳的だと読んだわ。彼は会社を改革すると言っているし。彼はすでにたくさんの変更を導入したの。

M1：それでも，会社を改革するために十分な時間が必要だろうね。

1276 **upright** [ʌ́pràit, ＿＿]	形 正直な；直立した；縦長の 名 まっすぐなもの　副 まっすぐに
1277 **moral** [mɔ́ːrəl | mɔ́r-]	形 道徳的な；精神的な　⇔形 physical（身体の） 名 品行
1278 **reform** [rifɔ́ːrm]	動 を改革する，を改善する 名 改善，改革
1279 **institute** [ínstətjùːt | -tjùːt]	動 を導入する，を設ける；を開始する 名 協会；研究所
1280 **sufficient** [səfíʃənt]	形 十分な，足りる　…→形 enough（十分な） ⇔形 insufficient（不足している）

129 Nature Reserve

M1: Three companies are working together on the rehabilitation of this nature reserve. They have saved numerous oak trees. Many of these trees are several hundred years old.

W: These companies stepped up after the storm inflicted so much damage in the area. Many of these old oaks were dying off. People from these companies supplemented the soil and saved them. Now, they care for all the plants and trees. Saving them also protects natural heritage.

M2: They also saved these trees from going to the mill and being cut up for boards.

W: It would have been sad to lose these trees.

WORDS

1281	**rehabilitation** [rìːhəbìlətéiʃən]	名 再建，修復；リハビリテーション；更生
1282	**nature** [néitʃər]	名 自然；性質；本質 形 natural（自然の）
1283	**numerous** [njúːmərəs | njúː-]	形 数え切れないほどの；多数からなる 名 number（数）
1284	**step up**	熟 〈米〉力を貸す，協力する；上がる；昇進する …→ 動 cooperate（協力する）
1285	**inflict** [inflíkt]	動 をもたらす，を押しつける；を科す

語注：oak tree「樫の木」

129 自然保護区

M1：３社がこの自然保護区の再建に合同で取り組んでいる。彼らは数え切れないほどの樫の木を救ってきた。これらの木の多くは数百歳なんだ。

W：これらの会社は嵐がその地域に甚大な被害をもたらしたときにも力を貸したの。これらの古い樫の多くは次々に死んでいっていた。これらの会社の人々は土壌を補って樫の木を救ったの。今では彼らはすべての植物と木を気にかけているわ。それらを救うことはまた自然遺産も保護するしね。

M2：また彼らはこれらの木が製材所に送られて板にするために切り刻まれることからも守ったよ。

W：これらの木を失っていたら悲しかったでしょうね。

1286 □ **die off**	熟 (いなくなるまで) **次々に死ぬ**
1287 □ **supplement** 動[sʌ́pləmènt] 名[sʌ́pləmənt]	動 を**補う** 名 **補足(するもの)**
1288 □ **soil** [sɔ́il]	名 **土壌，土；国(土)** …→名 earth (土)
1289 □ **heritage** [héritidʒ]	名 (文化的) **遺産**；(生まれつきの) **地位** 形 〈英〉**新種の，今では珍しい**
1290 □ **mill** [míl]	名 **製材所，工場；製粉場** 動 を**製粉する** …→動 grind (を粉砕する)

130 The Family

W: Are these photographs on your desk of your children? They don't look that similar.

M: My oldest daughter takes after me in many ways. She has red, curly hair, and she enjoys mathematics. My son resembles my wife; they both have blonde hair. Like my wife, he enjoys writing and has won prizes for his work.

W: How about your middle child? She looks like a split between both her parents with her strawberry, blonde hair.

M: She's a typical teenager. She loves music, and she plays an instrument.

W: You have a trio of beautiful children.

M: Thank you. It's been fun watching them grow up.

WORDS

1291 □ **similar** [símələr]	形 似ている，同じような 名 similarity（類似） 副 similarly（同様に）
1292 □ **take after**	熟 に似ている ⋯▸動 resemble（に似ている）
1293 □ **curly** [kə́ːrli]	形 縮れた；巻き毛の ⇔形 straight（まっすぐな，直毛の）
1294 □ **resemble** [rizémbl]	動 に似ている ⋯▸熟 take after（に似ている） 名 resemblance（類似〔点〕）
1295 □ **prize** [práiz]	名 賞 形 素晴らしい 動 を尊ぶ ＝動 treasure（を尊ぶ）

130 家族

W: 机の上に置いてあるこれらの写真はあなたのお子さんのですか？　彼らはそんなに似ていませんね。

M: 長女はあちこち私に似ています。彼女は赤い縮れた髪の毛で，数学を楽しんでいます。息子は妻に似ています。2人とも髪がブロンドなんです。妻と同じように，彼は文を書くのが好きで作品で賞をとりました。

W: 真ん中のお子さんはどうですか？　彼女は髪が赤みがかったブロンドで，ご両親を分けたようですよ。

M: 彼女は典型的なティーンエイジャーです。彼女は音楽が大好きで楽器を弾きます。

W: あなたには美しい3人組のお子さんがいるんですね。

M: ありがとう。彼らが成長していく様を見るのはとても楽しいです。

1296 □ **middle** [mídl]	形 **真ん中の**　名〖the ～〗**真ん中**；(期間の) **中頃** …→名 center (中心)
1297 □ **split** [splít]	名 **分配，分け前；分裂；裂け目** 動 を**分ける；分かれる**
1298 □ **typical** [típikəl]	形 **典型的な；特有の；普通の**　名 type (型) ＝形 normal (普通の)
1299 □ **trio** [trí:ou]	名 **3人組，3つ揃い；三重奏曲 [団]**
1300 □ **grow up**	熟 **成長する；発展する；**(友情などが) **芽生える**

131 Buyout

M: We are working on a deal to buy out another company. We almost called it off because we could not agree on some important points. But, everyone calmed down, and last night we came up with an idea to make it work.

W: It's good you were able to move on. Sometimes, neither side will back down.

M: This process calls for people who are stable and not too stubborn.

W: Above all, you came to an agreement. I'm sure you are glad to be finished with this deal.

M: I've been working lots of hours. It is nice to be done.

WORDS

1301	**deal** [dí:l]	名（商品などの）取引，契約　動 を配る 名 dealer（販売人［店］）　…→名 deal（〚a 〜〛量）
1302	**buy out**	熟 を買収する 名 buyout（買収）
1303	**call *A* off**	熟 *A* から手を引く，*A* を打ち切る，*A* を中止する
1304	**come up with**	熟 を思いつく；を提出する；に追いつく
1305	**move on**	熟 前に進む；進歩する；移る

131 買収

M：私たちはほかの会社を買収する取引に取り組んでいます。私たちはいくつかの重要な点で合意できなかったので，もう少しで手を引くところでした。しかし，みんなが落ち着き，昨晩うまくいく考えを思いつきました。

W：前に進むことができたのは良かったですね。時にはどちら側も引き下がらないでしょうから。

M：この手のプロセスにはしっかりとした頑固すぎない人が必要とされます。

W：何よりも，合意に達しましたね。きっとあなたたちはこの取引を終えることができて，喜んでいることでしょうね。

M：私は長時間取り組んできたので，終了して良かったです。

1306	**back down**	熟 引き下がる；取り下げる
1307	**call for**	熟 を必要とする；を声を上げて求める
1308	**stable** [stéibl]	形 分別のある，落ち着いた；安定した
1309	**stubborn** [stʌ́bərn]	形 頑固な；手に負えない ＝形 obstinate（頑固な） 形 tough（骨の折れる）
1310	**above all**	熟 何よりも，とりわけ

The Office Visit

W: I dropped in today to give you back your umbrella.

M: Thanks for dropping it off. Would you like me to show you around our new offices?

W: Weren't you using temporary offices for a couple of months?

M: They just finished transferring all our furniture here last week.

W: The new paint is nice. It looks like there are 3 different shades of blue. It's also nice to be in the suburbs where there are more trees.

M: Thanks again for handing back my umbrella. Please give my regards to your family.

WORDS

1311	**drop in**	熟 立ち寄る；偶然出会う
1312	**give *A* back *B***	熟 *A* に *B* を返す
1313	**drop *A* off**	熟 (ついでに)*A* を持っていく, *A* を置いていく；*A* を車から降ろす；*A* から落ちる
1314	**show *A* around *B***	熟 *A* に *B* を案内して回る
1315	**temporary** [témpərèri｜-rəri]	形 仮設の，一時的な；つかの間の ⇔形 permanent (永続する)

132 オフィスの訪問

W: 今日はあなたに傘を返すために立ち寄ったの。

M: 持ってきてくれてありがとう。新しいオフィスを案内しようか？

W: あなたは2，3カ月間仮設のオフィスを使っていなかったっけ？

M: 先週家具すべてをここに移動させ終わったばかりなんだよ。

W: 新しい塗装はいいわね。3種類の違った青の色合いがあるように見える。それに木がより多い郊外にあるのもいいね。

M: 傘を返してくれてありがとう。君のご家族によろしく言っておいて。

1316	**transfer** 動[trænsfə́ːr] 名[trǽnsfər]	動 を移動させる；移る 名 移転；転勤
1317	**shade** [ʃéid]	名 色合い；陰 動 を陰にする；徐々に変化する
1318	**suburb** [sʌ́bəːrb]	名〘the -s〙郊外
1319	**hand back**	熟 を返す
1320	**regard** [rigáːrd]	名〘-s〙よろしくというあいさつ 動〘regard *A* as *B*〙*A* を *B* とみなす

STORY 133 Superstition

W: There's a superstition in some places about the number thirteen. People think it is unlucky.

M: I've noticed that many buildings cut out the thirteenth floor in the United States. They just carry on and skip that number. The elevator indicates you're on the 12th floor and then the 14th floor is next. Despite the fact that the numbers are not in order, people don't seem to notice.

W: They just change the labels for the floors. It seems like an obvious trick, but the phenomenon is common.

M: I have a theory that people suspend their judgement on this.

W: I agree with you. I've never heard anyone talk about this in an elevator.

WORDS

1321	**superstition** [sù:pərstíʃən]	名 迷信
1322	**cut out**	熟 を(除外して)切り抜く，を取り除く；(電気などが)切れる
1323	**carry on**	熟 進み続ける；再開続行する ＝動 continue (を続ける)
1324	**indicate** [índikèit]	動 を表示する；を示す；をほのめかす 名 indication (徴候)
1325	**despite** [dispáit]	前 にもかかわらず …→熟 in spite of (にもかかわらず)

133 迷信

W: いくつかの地域で数字の 13 に関する迷信があるの。人々はそれが不運の数字だと思っているのよ。

M: 僕はアメリカでは多くの建物が 13 階を飛ばしているのに気がついたよ。そのまま移動してその数字は飛ばすんだ。エレベーターが 12 階を表示したら，次は 14 階なんだよ。数字が順番どおりではないのにもかかわらず，人々は気づいていないようだ。

W: 彼らはただ階の呼び名を変えているだけなの。わかりやすいトリックのように思われるけど，その現象はよくあるものよ。

M: 僕の説は，人々はこれに関しては判断を保留しているというものだ。

W: 同感よ。私は人々がこのことについてエレベーターの中で話すのを 1 度も聞いたことがないわ。

1326 □ **label** [léibəl]	名 呼び名，レッテル；ラベル 動 にラベルを貼る
1327 □ **obvious** [ɑ́bviəs | ɔ́b-]	形 わかりやすい；明らかな 副 obviously（明らかに）
1328 □ **phenomenon** [finɑ́mənɑ̀n | -nɔ́minən]	名 現象；並外れた物［事］
1329 □ **theory** [θíːəri | θíəri]	名（学）説；理論；（個人的）意見 形 theoretical（理論的な）
1330 □ **suspend** [səspénd]	動 を保留する；（を）中断する；をつるす 名 suspension（一時的中断）　名 suspense（不安）

STORY 134 The Fake

M: Did you hear about the fake Van Gogh painting that someone tried to sell for millions? He made up a story about this painting turning up in an old house. He said he handed it over to an art institution, and they agreed it was an original Van Gogh.

W: Do you think the art institution was involved?

M: No, I think he just made up the story about the art institution too. I think they would have notified someone if they had been asked to look at such a famous painting. They have a proper system where they use a panel of experts in an instance like this.

WORDS

1331	**fake** [féik]	形 偽の；見せかけの ⇔形 genuine（本物の） 名 偽物 動（を本物らしく）見せかける
1332	**make up** *A*	熟 *A* をでっちあげる；*A* を組み立てる；*A* を構成する
1333	**turn up**	熟 見つかる；現れる；上を向く ⇔熟 turn down（下がる）
1334	**hand** *A* **over**	熟 *A* を手渡す；*A* を引き継ぐ；*A* を譲り渡す
1335	**institution** [ìnstətjú:ʃən | -tjú:-]	名 協会；機構；（制度などの）導入 名 動 institute（協会；を導入する）

134 偽物

M：ある人物が何百万で売ろうとしたゴッホの偽の絵画について聞いた？彼はこの絵画が古い家で見つかったという話をでっちあげたんだ。彼は，美術協会に絵画を渡すと，協会はそれが本物のゴッホの絵だと認めたと話した。

W：美術協会が関わっていたと思う？

M：いや，僕は彼が美術協会の話もでっちあげたんだと思う。もし協会がそんな有名な絵画について鑑定依頼を受けていたら，誰かに知らせていただろうと思うよ。彼らには，このような場合に専門家委員会を使うようなちゃんとしたシステムがあるからね。

1336 □ **involved** [inválvd | -vɔ́lvd]	形〘be ~〙関与して，参加して；打ち込んでいる　動 involve（を含む，を参加させる）
1337 □ **notify** [nóutəfài]	動 に知らせる 名 動 notice（注目；に気づく）
1338 □ **proper** [prápər | prɔ́pə]	形 ちゃんとした；適切な；正しい 副 properly（きちんと）　名 property（財産）
1339 □ **panel** [pǽnl]	名 委員会，…団；羽目板 …→名 committee（委員会）
1340 □ **instance** [ínstəns]	名 場合；例；訴訟 ＝名 case（場合）　名 example（例）

STORY 135 An Imitation

W: I ran across this leather bag when I was traveling in Italy. I thought it was a name brand as it had the emblem, but I found out later it was an inferior imitation.

M: How did you find out it was an imitation, Vicky?

W: A few months later, I lent the bag to my sister. She was in a store in the city with the same name brand. She showed them her bag, and they told her it was an imitation. I guess I should have trusted my instincts. I sensed the bag was too good a deal.

M: It's not your fault. It's hard to be sure of products now.

WORDS

1341 □ **run across**	熟 を偶然見つける；に偶然出会う
1342 □ **leather** [léðər]	名 革；〚形容詞的に〛革製の …→名 skin（皮）
1343 □ **brand** [brǽnd]	名 ブランド，銘柄；（特定の）種類 動 〚brand *A* (as) *B*〛*A* に *B* の烙印を押す
1344 □ **emblem** [émbləm]	名 エンブレム，象徴的な模様；象徴
1345 □ **inferior** [infíəriər]	形 二流の，劣っている；下級の　名 劣った人 ⇔形 名 superior（優れている；優れた人）

135 模造品

W: イタリアを旅していたときにこの革製のかばんを偶然見つけたの。エンブレムが付いていたから，私はそれが有名ブランドだと思ったんだけど，後で二流の模造品だということが判明したわ。

M: どのようにして模造品だとわかったの，Vicky ?

W: 数カ月後，私はそのかばんを姉に貸したの。彼女は市内にあるそれと同じ有名ブランドの店にいたのよ。彼女がかばんを見せたら，彼らがそれは模造品であると彼女に伝えたの。私は自分の直感を信じるべきだったわ。うますぎる取引のような感じがしたのよ。

M: 君のせいではないよ。今では製品のことで確信を持つのは難しいからね。

1346 □ **imitation** [ìmətéiʃən]	名 **模造品；真似ること**
1347 □ **lend** [lénd]	動 を**貸す**
1348 □ **instinct** [ínstiŋkt]	名 **直感；本能**　＝名 intuition（直感力） 形 instinctive（本能の）
1349 □ **sense** [séns]	動 だと**感じる**　名 **感覚；分別** 形 sensible（分別のある）　形 sensitive（気を配る）
1350 □ **fault** [fɔ́:lt]	名 **せい，**（誤り・落ち度の）**責任；欠陥** 動 を**批判する**

STORY 136 The Party

M: Have you tasted this cheese? It has a wonderful flavor, but it also had an odor.

W: I think I had that cheese before. I remember that smell. It's a bit sour and a little hard to digest.

M: I think I'll pass on this one and try a milder cheese.

W: Try a piece of this one. I think you'll like it. It brings out the flavor in the meat.

M: The raw fish looks good. I like Japanese cuisine.

W: I agree, and the layer cake looks good too.

WORDS

1351	**flavor** [fléivər]	名 味，風味　＝㊔taste（味） 動 に風味を添える
1352	**odor** [óudər]	名（不快な）におい
1353	**sour** [sáuər]	形 酸っぱい；酸敗した ⇔㊒sweet（甘い）
1354	**digest** 動[daidʒést, di-] 名[dáidʒest]	動（を）消化する；を分類［整理］する 名 要約　…→㊔overview（要約）
1355	**mild** [máild]	形 口当たりの良い；温暖な ⇔㊒cold（寒い）

136 パーティー

M：このチーズを味見してみた？　味はとてもいいけど，嫌なにおいもしたんだ。

W：私はそのチーズを前に食べたことがあると思う。あのにおいは覚えているわ。それは少し酸っぱくて，少し消化しづらいわ。

M：僕はこれを遠慮してもっと口当たりがいいチーズを味見してみるよ。

W：これをひとかけら試してみて。気に入ると思うわ。それは肉の味を引き出すの。

M：生魚もおいしそうだね。僕は日本料理が好きなんだ。

W：同感，それにレイヤーケーキもおいしそうよ。

1356 □ **piece** [píːs]	名 かけら；部品；記事；〚a piece of *A*〛1つの *A* …▸ 名 part（一部分，部品）
1357 □ **bring out**	熟 を引き出す；を明らかにする …▸ 動 clarify（を明らかにする）
1358 □ **raw** [rɔ́ː]	形 生の；加工されていない
1359 □ **cuisine** [kwizíːn]	名（特定地域・高級店の）料理
1360 □ **layer** [léiər, léər]	名 層 動 を層にする；層になる　動 lay（を置く）

137 Postponed

W: The customer is demanding more changes.

M: I thought they agreed to postpone any more changes until after the trial was over.

W: They did agree to that, but they are acting contrary to that agreement.

M: It seems like they are seeking ways to make this more difficult. Changing the scope of the project at this time is not a good idea. Can you relay this to the customer?

W: I will respond to their email, but I don't know if my response will register with them.

M: Please point to the fact that they have already agreed to postpone changes.

WORDS

1361	**demand** [dimǽnd]	動 (を)要求する ＝動 require(を要求する) 名 要求；負担；需要
1362	**postpone** [pous*t*póun]	動 を延期する；を後回しにする ＝熟 put off(を延期する) …→動 delay(を先延ばしにする)
1363	**trial** [tráiəl]	名 裁判；試み；試練 …→名 court(法廷) 動 try(〔を〕試みる)
1364	**contrary** [kɑ́ntreri | kɔ́ntrə-]	副 反して 名 逆 形 反対の ＝形 opposing(反対の) …→形 opposite(正反対の)
1365	**seek** [síːk]	動 (を)探す；を得ようとする ＝熟 look for(を捜す)

137 延期

W: 顧客がより多くの変更を要求しています。

M: 私は彼らが裁判が終わるまで変更を延期することに同意したと思っていましたが。

W: 彼らは同意はしましたが，その同意に反して行動しています。

M: 彼らがこれをより厄介にする方法を探しているように思えます。今プロジェクトの範囲を変更することは良い考えではありません。このことを顧客に取り次いでくれますか？

W: 私は彼らからのメールに返信してみますが，その返事が彼らの頭に残るかどうかはわかりません。

M: 彼らはすでに変更を延期することに同意しているという事実に触れておいてください。

1366 □	**scope** [skóup]	名 範囲 動 を詳しく調べる
1367 □	**relay** 動[ríːlei, riléi] 名[ríːlei]	動 を取り次ぐ 名 リレー競技；交替要員；中継
1368 □	**respond** [rispánd | -spɔ́nd]	動 (と)返信する，(と)答える；反応する 名 response (反応)　＝動 reply (返事をする)
1369 □	**register** [rédʒistər]	動 〚register with〛《通例否定文で》の印象に残る；を記録する；(を)登録する　名 記録
1370 □	**point to *A***	熟 *A* に言及する；*A* (ある方向)を指し示す

STORY 138 Seminar

W: Tom, what's the topic for your seminar this year?

M: The theme is "widen your customer base." It's about ways to shape your approach to new customers.

W: It sounds like there is overlap with last year's topic, "choosing your medium of communication."

M: Yes, there is some overlap, but the emphasis is different. It's good to have some of the information carry over from last year. Then the audience can take the information from the two seminars, narrow it down and use it in a different way.

W: That will make it easier for our audience to remember.

M: It takes time to learn and apply a new idea.

WORDS

1371	**topic** [tápik | tɔ́p-]	名 題目，トピック；話題
1372	**theme** [θíːm]	名 テーマ，主題；様式
1373	**widen** [wáidn]	動 を広げる；広くなる ⇔動 narrow（を狭める） 形 wide（広い）
1374	**customer** [kʌ́stəmər]	名（店・企業などの）客，顧客，取引先 …→名 client（依頼人） 名 guest（宿泊客）
1375	**shape** [ʃéip]	動 を形作る；を決定する 名 形 ＝動 名 form（を形作る；形）

138 セミナー

W: Tom，今年のあなたのセミナーの題目は何？

M: テーマは「顧客基盤を広げる」だよ。新しい客へのアプローチを形作る方法についてなんだ。

W: あなたの去年の題目，「コミュニケーションの手段を選ぶこと」，と重複する部分があるようね。

M: そう，いくつか重複する部分はあるけど，重点は違うんだ。去年から引き継がれた情報がいくつかあるのもいいことだよ。それによって聴衆は2つのセミナーから情報を取得して，それを絞り込んで色々な方法で使うことができるからね。

W: そうすることで聴衆にとって思い出しやすいようにするのね。

M: 新しい考えを学んで適用するには時間がかかるんだ。

1376 □ **overlap** 名[óuvərlæ̀p] 動[òuvərlǽp]	名 重複する部分 動 (一部)重なる；に(一部)重なる
1377 □ **medium** [míːdiəm]	名 手段；媒介物；情報伝達手段 形 中くらいの
1378 □ **emphasis** [émfəsis]	名 重点，強調　＝名 stress (強調) 動 emphasize (を強調する)
1379 □ **carry over**	熟 引き継がれる；を持ち越す；を延期する
1380 □ **narrow *A* down**	熟 *A* を絞り込む，*A* を狭める，*A* を限定する

STORY 139 Triple Check

W: Did you scan for viruses before you started?

M: Yes, Jenny. I triple checked. I don't want to have to scrap another project because of problems. Our system should also be screening for them.

W: Occasionally, it misses a random threat. Watch for any dips in speed as that may be a warning.

M: I think I need to take a break. I've been gazing at the same template for the last ten minutes. But, I haven't done any work on it yet.

W: I'll take a break too.

WORDS

1381	**scan** [skǽn]	動 (を)スキャンする；(を)詳しく調べる；(を)ざっと見る　名 綿密な検査
1382	**triple** [trípl]	形 3回の；3つの部分から成る；3倍の　動 3倍になる；を3倍にする
1383	**scrap** [skrǽp]	動 を中止する，を断念する　名 切れ端；廃物
1384	**screen** [skríːn]	動 スクリーニングする，を検査する；を守る　＝動 shield（〔を〕守る）　名 画面
1385	**occasionally** [əkéiʒənəli]	副 たまに，時々　形 occasional（時折の）

139 3回のチェック

W：始める前にウイルスのスキャンをした？

M：ああ，Jenny。3回チェックしたよ。問題のせいでほかのプロジェクトを中止にしなくちゃいけなくなるなんて嫌だしね。僕たちのシステムもウイルスをスクリーニングしているはずだよ。

W：たまに，それは無差別な脅威を取り逃がしてしまうの。速度の低下が少しでもないか気をつけてね，警告かもしれないから。

M：僕は休憩が要ると思う。この10分間，同じテンプレートを見つめ続けているんだ。でも僕はまだ何も進めていない。

W：私も休憩するわ。

1386	**random** [rǽndəm]	形 無差別な，無作為の；手当たり次第の
1387	**dip** [díp]	名 下落；くぼみ　動 をちょっと浸す；下がる ＝名 動 fall（下落；下がる）
1388	**speed** [spíːd]	名 速度；(物事が起こる)速さ　動 急ぐ 形 speedy（迅速な）
1389	**gaze** [géiz]	動 見つめる　＝動 stare（〔を〕じっと見つめる） 名 注視
1390	**template** [témpleit, -plət]	名 テンプレート，ひな型

STORY 140 Physical Therapy

W: I'm trying a new physical therapy technique. I have to go to an orientation about it next Wednesday.

M: Do you think this new technique has merit?

W: I've heard good things about it. I'll learn more in the orientation. It's given by a notable therapist. People say it has immediate results. Many other therapists look up to him.

M: I know you have tried other techniques and they have not worked. So I'm glad to hear you haven't exhausted all your options.

W: I paused my training for a few months. I'm ready to try something new. I hope I can master the technique.

WORDS

1391 □ **therapy** [θérəpi]	名 療法；治療；癒し（となる行為） 名 therapist（療法士）
1392 □ **technique** [tekní:k]	名 技術；技巧
1393 □ **orientation** [ɔ̀:riəntéiʃən, ɔ̀:rien-]	名（新しい仕事・学習などの）事前指導，オリエンテーション；志向　動 orient（を向ける）
1394 □ **merit** [mérit]	名 価値；長所；〖通例 -s〗手柄 ⇔名 demerit（欠点，短所）　…→名 advantage（利点）
1395 □ **notable** [nóutəbl]	形 著名な；注目すべき　名〖通例 -s〗名士 動 note（に注意を払う）

140 理学療法

W: 私は新しい理学療法の技術を試しているの。次の水曜日にそれに関する事前指導に行かなければならないのよ。

M: この新しい技術は価値があると思う？

W: いい評判は聞いているわ。事前指導でもっとそれについて学ぶつもり。著名な療法士がそれを提唱しているの。それには即効性があるらしいわ。たくさんのほかの療法士が彼を尊敬しているし。

M: 君がほかの技術を試してきて，うまくいかなかったのを知っているよ。だからすべての選択肢を使い尽くしていないと聞いて嬉しいよ。

W: 私は数カ月訓練をしていないの。新しいものを試す準備はできているわ。その技術を身につけられるといいな。

1396 □ **immediate** [imíːdiət]	形 **即時の；当面の；直接の** ＝形 instant（即時の） ⇔形 mediate（間接の）
1397 □ **look up to**	熟 を**尊敬する；**を**見上げる** ⇔熟 look down on（を見下す）
1398 □ **exhaust** [igzɔ́ːst]	動 を**使い尽くす；**を**疲れさせる** 名 **排出** ＝熟 use up（を使い尽くす，を疲れ果てさせる）
1399 □ **pause** [pɔ́ːz]	動 を**一時停止する；中断する，休止する** 名（一時的な）**休止**
1400 □ **master** [mǽstər | mɑ́ːs-]	動（知識・技術）を**身につける** 名 **支配者；名人**

STORY 141 The New CEO

W: Hi, Max. Do you know much about the new CEO?

M: When his father became ill, he stepped in and shouldered the responsibility for the company. He's a very hard worker.

W: He seems somewhat stern for such a young man.

M: I think it's because he is young and he has to represent the company. He keeps his manner serious. He has to pay back the large loan his father took out for the business before he became ill. He's also looking after his mother.

W: What are his plans for the company?

M: I think he will shed some divisions that are not making money.

WORDS

1401	**step in**	熟 割って入る，介入する；(家に)ちょっと入る
1402	**shoulder** [ʃóuldər]	動 を背負いこむ，を引き受ける；を肩にかつぐ 名 肩
1403	**somewhat** [sʌ́mhwʌ̀t, -hwɑ̀t | -wɔ̀t]	副 少し，いくぶん …› 副 rather (いくぶん)
1404	**stern** [stə́ːrn]	形 厳格な；手厳しい
1405	**represent** [rèprizént]	動 を代表する；を表す ＝動 symbolize (を象徴する) 名 形 representative (代表者；典型的な)

141 新しい CEO

W: ねえ，Max。新しい CEO について色々知っている？

M: 彼の父親が病気になったとき，彼が割って入って会社の責任を肩代わりしたんだ。彼はとても努力家だよ。

W: 彼はそのような若い男性にしては少し厳格なように見えるわ。

M: 彼は若くして会社を代表しなければならないからだと思うよ。彼は真面目な態度を崩さないんだ。彼は，病気になる前に父親が事業のために借りた莫大な借金を払い戻さなければならない。彼は母親の世話もしているんだ。

W: 会社についての彼の計画はどんなものかしら？

M: 僕は，彼は売り上げを上げていないいくつかの部門を廃止すると思うよ。

1406 □ **manner** [mǽnər]	名 態度；方法；〖-s〗風習；行儀
1407 □ **pay back**	熟 を払い戻す；に借りた金を返す
1408 □ **loan** [lóun]	名 借金，貸付金；貸し付け 動 を貸す
1409 □ **look after**	熟 の世話をする；のことを管理する ＝熟 take care of（の世話をする）
1410 □ **shed** [ʃéd]	動 を捨てる，を取り除く；を落とす

STORY 142 Nominee

M: Grace, who do you think will be nominated for president?

W: I'm not sure who will get the majority versus the minority of votes.

M: Do you think it might be a woman?

W: I think that the nominee could be someone of either gender. The key is to get enough votes.

M: I noticed that one possible nominee is speaking to overflowing crowds, and the people are clapping loudly.

W: That person is very progressive and may not fare well in the final race.

M: But, that person's popularity might enable him to be nominated for vice-president.

WORDS

1411	**nominate** [nάmənèit | nɔ́m-]	動 を（候補に）指名する；を推薦する 名 nominee（〔指名された〕候補者）
1412	**versus** [və́ːrsəs]	前 〜対；〖*A* versus *B*〗*A* か *B* か，*A* 対 *B*
1413	**minority** [minɔ́ːrəti, -nάːr-, mai- | mainɔ́r-]	名 少数派；少数 ⇔名 majority（多数派） 形 minor（小さい方の）
1414	**gender** [dʒéndər]	名 ジェンダー，（文化的・社会的役割としての）性 …→名 sex（性）
1415	**overflow** 動[òuvərflóu] 名[óuvərflòu]	動 あふれる；を水浸しにする 名 〖形容詞的に〗過剰な

142 候補者

M：Grace，誰が大統領候補に指名されると思う？

W：私は誰が多数票か少数票かを獲得するか確信が持てないわ。

M：女性になるかもしれないと思う？

W：指名される人はどちらのジェンダーの可能性もあると思う。鍵は十分な票を獲得することよ。

M：僕は有力候補の１人があふれんばかりの聴衆に演説し，人々が大きな拍手をしていることに気づいたよ。

W：その人はとても進歩的だから，最終戦ではうまくいかないんじゃないかな。

M：でも，彼の人気は彼が副大統領に指名されるのを可能にするかもしれないと思う。

1416	**crowd** [kráud]	名 聴［観］衆，群衆；〚the crowd〛大衆 動（に）群がる　形 crowded（込み合った）
1417	**clap** [klǽp]	動（に）拍手する 名 パチパチという音
1418	**progressive** [prəgrésiv]	形 進歩的な　動 名 progress（進歩する；進歩） ⇔ 形 conservative（保守的な）　形 regressive（後退する）
1419	**fare** [féər]	動 成り行く；やっていく 名 運賃；乗客
1420	**enable** [inéibl]	動 を可能にする；〚enable *A* to *do*〛*A* に～することを可能にする

STORY 143 Top to Bottom

W: I've looked over this quarterly report from top to bottom. I think it's ready to send off to the principal partner. I just have to do the spell check before I turn it in.

M: Just a moment, Lucy. It looks like there might be a sentence fragment in the third paragraph. So please don't put it out yet.

W: Oh, thanks for catching that. It is plain that I need some coffee to wake me up before I finish this. I'll call on you next time when I need to check my work. You've been a great help.

WORDS

1421 □ **quarterly** [kwɔ́ːrtərli]	形 季刊の，年４回の；４分の１の 副 年４回　名 季刊誌
1422 □ **bottom** [bɑ́təm | bɔ́t-]	名 一番下，底　形 最下部の ⇔名 形 top（上部；一番上の）
1423 □ **send off**	熟 を送り出す；をポストに投函する；を追い払う
1424 □ **principal** [prínsəpəl]	形 主要な　…→形 chief（主要な） 名 長
1425 □ **turn *A* in**	熟 〈米〉*A* を提出する；*A* を交換する …→熟 hand[give] in *A*（*A* を〔手渡しで〕提出する）

□ look *A* over（*A* にざっと目を通す）☞No.1445

143 上から下まで

W: 私はこの季刊報告を最初から最後まで目を通しました。私はもうこれを主要なパートナー社に送ることができると思います。あとは提出する前に私がスペルチェックしなければいけないだけです。

M: ちょっと待って，Lucy。第３段落に文の不完全な部分があるみたいです。だから，まだ発表しないでください。

W: ああ，見つけてくれてありがとうございます。これを終える前に眠気覚ましのコーヒーを飲まないといけないのは明らかです。また次に私の仕事を確認してほしいときに頼みますね。大変助かりました。

1426 □ **fragment** [frǽgmənt]	名 不完全な部分
1427 □ **put *A* out**	熟 *A* を発表する；*A*（電灯など）を消す
1428 □ **plain** [pléin]	形 明白な；平易な；質素な　＝形 obvious（明白な） 名 平原
1429 □ **wake *A* up**	熟 *A* を目覚めさせる；*A* を奮起させる
1430 □ **call on *A***	熟 *A* に頼む，*A* に訴える ＝熟 appeal to *A*（*A* に訴える）

STORY 144 Out of Gas

W: Hey, Jacob. Can you pull over the car, so I can look at the map. I'm a little mixed up. Did we pass by a sign for the highway?

M: I thought the highway ran parallel, but this seems to be a very quiet road. We've only passed one, solitary car!

W: I need to stop at a restroom soon.

M: I haven't seen any yet, but we are bound to find one soon.

W: I sure hope the car doesn't give out.

M: We may run out of gas soon.

W: Good news! I just saw an icon on the map for a gas station that's not too far.

WORDS

1431	**pull over** *A*	熟 *A*（車など）を路肩に停めさせる
1432	**mix up**	熟 を混乱させる；をよく混ぜる
1433	**pass by**	熟 を通り過ぎる；（時が）過ぎる
1434	**parallel** [pǽrəlèl]	副 平行に　名 類似点；対応するもの 形 平行の；同方向の
1435	**solitary** [sɑ́lətèri | sɔ́litəri]	形 唯一の；１人だけの；孤独な ㊊ sole（唯一の）

144 ガソリン切れ

W：ねえ，Jacob。私が地図を見られるように車を道の脇に停めてくれない？ ちょっと混乱しているの。幹線道路の標示を通り過ぎたっけ？

M：幹線道路と平行に走っていると思っていたけど，これはとても静かな道のようだ。僕たち，1つだけ，唯一の車を通り過ぎただけだよ！

W：私はもうすぐお手洗いに行かないと。

M：まだ見てないけど，きっともうすぐ見つかるはずだよ。

W：車が故障で止まらなければいいって本当に願っているわ。

M：もうすぐガソリンがなくなるかも。

W：良いお知らせ！　ここからそれほど遠くない所にガソリンスタンドのアイコンを地図上で見つけたわ。

1436 □ **restroom** [réstrù:m]	名〈米〉トイレ，洗面所 ＝名 toilet〈英〉（トイレ）　名 bathroom〈米〉（トイレ）
1437 □ **be bound to** *do*	熟 きっと～する運命にある；～する義務がある
1438 □ **give out**	熟 故障で止まる；感情を表す ＝熟 break down（故障する）
1439 □ **run out of** *A*	熟 *A* を使い果たす
1440 □ **icon** [áikɑn | -kɔn]	名 アイコン；偶像；聖像

STORY 145 Partitions

W: We are building partitions in our new office space. They need to be uniform in size, so we have to get the ratios correct.

M: Did you check the manual from the company on these partitions?

W: Yes, the measurements are on page eleven. Take a minute to look it over. Don't use up all the space. Leave a little room so we can add in another partition if we need it.

M: What do you think this symbol stands for in the manual?

W: I'm not sure. I'll defer to you.

WORDS

1441 □ **partition** [pɑːrtíʃən]	名 仕切り；分割；区分 動 を分割する ＝名 division（分割）
1442 □ **uniform** [júːnəfɔ̀ːrm]	形 同一の；一定の ＝形 identical（同一の） 名 制服 動 を一様にする
1443 □ **ratio** [réiʃou, -ʃiou | -ʃiə́u]	名 比率，比 ＝名 proportion（割合）
1444 □ **manual** [mǽnjuəl]	名 マニュアル，手引書 形 手の
1445 □ **measurement** [méʒərmənt]	名 測定；〖通例 -s〗寸法，大きさ 動 名 measure（〔を〕測る；対策，基準）

145 仕切り

W: 私たちは新しいオフィスの空間に仕切りを作っています。それらは大きさが同一でないといけないので，正確に比率を測らないといけません。

M: こうした仕切りについての会社のマニュアルは確認しましたか？

W: はい，寸法は 11 ページに載っています。少し時間をとって目を通してください。空間をすべて使ってしまわないでください。少し空間を残して，必要であればほかに仕切りを付け足すことができるようにしてください。

M: マニュアルのこの記号は何を表していると思いますか？

W: わかりません。あなたにお任せします。

1446 □	**look *A* over**	熟 *A* にざっと目を通す；*A* を大目に見る ＝動 overlook（を大目に見る）
1447 □	**use up**	熟 を使い切る；を疲れ果てさせる
1448 □	**add in**	熟 を付け足す，を加える；を算入する
1449 □	**stand for**	熟 を表す；を支持する ＝動 represent（を表す）
1450 □	**defer** [difə́ːr]	動 任せる，（敬意を表して）従う，譲る …→動 yield（屈する，〔を〕譲る）

STORY 146 Safety Railings

W: Hello, Mason. What are you doing this weekend?

M: I'm enclosing my rear deck with safety railings. Our baby is one year old, and we are always running after him on our deck. He never stands still. He's getting faster, and it's harder to run him down.

W: Be sure not to leave an area at the top of the railing that he could leap from.

M: I'll look out for that when I build the top section. Maybe I can tilt the top section, so he won't be able to stand on it.

W: It sounds like an interesting project. Maybe I'll run over and take a look at it on Saturday.

WORDS

1451	**enclose** [inklóuz]	動 を囲う；を同封する 名 enclosure（包囲） 形 enclosed（同封の）
1452	**rear** [ríər]	形 後ろの 名 後部 ⇔ 形 名 front（前の；前部）
1453	**railing** [réiliŋ]	名 柵；レール
1454	**run after** *A*	熟 *A* を追いかける；*A* を探し求める ＝ 動 chase（〔を〕追いかける）
1455	**still** [stíl]	形 じっとした，静止した；静かな 副 まだ；それでも

146 安全柵

W: もしもし，Mason。今週末は何をする予定？

M: 僕は裏のテラスを安全柵で囲う予定なんだ。僕たちの赤ちゃんは１歳で，いつも僕たちは彼をテラスまで追いかけているんだ。彼はじっと立っていることがないんだ。彼はすばやくなっているし，追いかけてつかまえるのが難しくなってきている。

W: 彼が柵の上からジャンプできるような場所をそこに残さないように気をつけてね。

M: 上の部分を作るときにそれに気をつけるよ。もしかしたら上部を傾けて，彼がその上に立つことができなくなるようにできるかもしれない。

W: 面白そうな計画ね。もしかしたら土曜日にちょっと立ち寄って見てみるかも。

1456	**run *A* down**	熟 *A* を追いかけてつかまえる
1457	**leap** [lí:p]	動 跳ぶ；を跳び越える　…→動 jump（跳ぶ） 名 跳ぶこと
1458	**look out**	熟 気をつける；外を見る
1459	**tilt** [tílt]	動 を傾ける；傾く 名 傾けること
1460	**run over**	熟 ちょっと立ち寄る；急いでやってくる；あふれる

147 Computer Revolution

M: The computing power available now is revolutionary. We are still on the frontier of change that this power is bringing to companies and people. This power will continue to bring about change in our world.

W: I agree and this change will not let up. It is unknown what great minds will think up next. In all probability, these changes will mean the formation of new companies. Our new motto should be, "change is certain."

M: I think these changes will have a direct effect on all of us.

W: Another thing is certain. We cannot keep these changes out.

WORDS

1461	**revolutionary** [rèvəljúːʃənèri | -ʃənəri]	形 革命的な；革命の 名 revolution（革命）
1462	**frontier** [frʌntíər | ´––]	名 最先端；限界；国境 ＝名 border（国境）
1463	**bring about**	熟 をもたらす，を引き起こす ＝動 cause（をもたらす）
1464	**let up**	熟 静まる，弱まる；くつろぐ ＝動 abate（和らぐ）
1465	**think up**	熟 を思いつく，を考え出す ＝動 invent（を考案する）

147 コンピューター革命

M: 現在使うことができるコンピューターの能力は革命的です。私たちはまだこの能力が企業や人々にもたらしている変化の最先端にいます。この能力は世界に変化をもたらし続けるでしょう。

W: 同感です。この変化は静まることがないでしょう。偉大な頭脳が次に何を思いつくかを知るすべはありません。おそらく，こうした変化は新たな企業群の成立を意味するのでしょう。私たちの新しいモットーは「変化は確実だ」にすべきです。

M: これらの変化は私たち全員に直接の影響を与えると思います。

W: もう１つのことも確実です。私たちはこれらの変化を排除することはできません。

1466	**probability** [prɑ̀bəbíləti | prɔ̀b-]	名 見込み；ありそうなこと；〚in all probability〛おそらく ⇔名 improbability（ありそうにないこと）
1467	**formation** [fɔːrméiʃən]	名 成立，構成；構造；布陣 名 動 form（形；を形作る）
1468	**motto** [mɑ́tou | mɔ́t-]	名 モットー，標語；銘 …→名 slogan（スローガン）
1469	**direct** [dirékt, dai-]	形 直接的な，直接の ⇔形 indirect（間接の） 動 を向ける；（を）指導する 副 直接に
1470	**keep *A* out**	熟 *A* を排除する，*A* を締め出す

STORY 148 Called Away

M: Sophy, did you hear that the boss was called away?

W: Does this have anything to do with the scandal over the president and his assistant running off with earnings?

M: I don't know for sure, but probably it does.

W: Did you read the vague statement they made on the news?

M: The language was so neutral, it was hard to tell what they were talking about.

W: I read a funny story about it online. They nicknamed the president and his assistant, the dynamic duo.

M: Those writers are just warming up. It makes you want to keep away from this company for a while.

WORDS

1471 □ **call away**	熟 を呼び出す
1472 □ **run off**	熟 逃げる；〚run off with *A*〛*A* を持ち逃げする
1473 □ **earnings** [ə́ːrniŋz]	名（企業の）収益，利益；収入 名 revenue（〔企業の〕（総）収入）
1474 □ **vague** [véig]	形 曖昧な；ぼんやりした ⇔ 形 definite（明確な） ⋯▸ 形 obscure（不明瞭な）
1475 □ **statement** [stéitmənt]	名 声明；陳述 動 名 state（をはっきり述べる；状態）

148 呼び出されて

M：Sophy，上司が呼び出されたのを聞いた？

W：社長が彼のアシスタントと収益を持ち逃げしたというスキャンダルとは何か関係はあるのかな？

M：確信はないけど，たぶんそうだと思うよ。

W：彼らがニュースで発表した曖昧な声明を読んだ？

M：言い方があまりにもはっきりしなくて，何のことを話しているかわかりづらかったよ。

W：それについてネットで面白い話を読んだよ。社長と彼のアシスタントは，ダイナミックな２人組というあだ名をつけられていたんだ。

M：その記者たちはただ熱くなっているだけだよ。しばらくはこの会社から離れていたくなるよね。

1476	**neutral** [njúːtrəl | njúː-]	形 はっきりしない；中立的な　名 中立者 動 neutralize（を無効にする，を中和する）
1477	**nickname** [níknèim]	動 〚nickname *A B*〛*A* に *B* とあだ名をつける 名 愛称
1478	**duo** [djúːou | djúː-]	名 ２人組；二重奏（者） ＝名 couple（１対）
1479	**warm up**	熟 熱くなる，熱心になる；肩慣らしする；暖まる
1480	**keep away**	熟 離れている，近づかない，避ける

149 Moving Inland

W: That big storm is moving inland. It's looking bad.

M: We need to ship liters of bottled water to the area. Families already in dire necessity will be coming to our shelters. The majority will not have any food with them.

W: Moreover, if the storm breaks through the barriers, we won't be able to get across. We are giving away sandbags right now. If the homes are flooded, we'll need to give in and get up to higher ground.

M: Let's get going. We have a lot to do before the storm hits.

WORDS

1481 **inland** [ínlənd]	副 内陸に[へ] 形 内陸の
1482 **liter** [lí:tər]	名 リットル
1483 **necessity** [nəsésəti]	名 必要(性);必要品 名 形 necessary (〚-ies〛 必要品;必要な)
1484 **majority** [mədʒɔ́:rəti | -dʒɔ́r-]	名 大多数;過半数 ⇔名 minority (少数) 形 major (主要な)
1485 **moreover** [mɔ:róuvər]	副 さらに,その上 =副 furthermore (さらに) 副 besides (その上)

語注:sandbag「土のう」

149 内陸に向かって進む

W: その大きな嵐は内陸に向かって進んでいます。大変なことになりそうです。

M: 私たちは瓶に入れた水をその地域に何リットルも運ぶ必要があります。すでに差し迫った必要性がある家庭は，私たちの避難所に来る予定です。大多数の人々は食料を何も持っていないでしょう。

W: さらに，嵐が防護壁を打ち破った場合，私たちは渡ることができなくなります。私たちは今土のうを配布しています。もし家々が浸水するようなことがあれば，諦めて高台に登る必要があります。

M: それでは取りかかりましょう。嵐が来る前にすることはたくさんあります。

1486 □	**break through**	熟 を打ち破る，を突破する；現れる；成功を収める
1487 □	**get across**	熟 (を)渡る，横断する；理解される
1488 □	**give away**	熟 を配布する；をただでやる；(秘密など)をもらす
1489 □	**give in**	熟 諦める，降参する；譲歩する
1490 □	**get up**	熟 (を)登る；起きる；立ち上がる

STORY 150 Capping the Well

W: Don't run away with the map. Before you roll it up, can you make out this symbol? It consists of an arrow pointing to the sky.

M: I think it's a sacred symbol for the mountain, or it could be showing a direction on the map.

W: I think it's the latter. It's showing north.

M: You're probably right, Mia.

W: Let's stick to the plan and be finished with the project.

M: I'll be glad when it's over. We've had to put up with so many problems.

W: Once we cap the well, I'll let head office know we are done. Then we just have to wait for their reply confirming the program's completion.

WORDS

1491	**run away**	熟 逃げる；避ける；〖run away with〗を持って去る
1492	**roll *A* up**	熟 *A* を巻き上げる；*A* をくるむ
1493	**make out**	熟 をわかる，理解する；とわかる；うまくいく
1494	**consist** [kənsíst]	動 〖consist of *A*〗*A* から成る …→動 comprise（から成る）
1495	**sacred** [séikrid]	形 神聖な；宗教的な …→形 holy（神聖な） ⇔形 secular（非宗教的な）

語注：well「井戸」

150 井戸を塞ぐ

W: 地図を持っていかないで。それを巻き上げる前に，この記号の意味がわかる？　空を指す矢印から成っているんだけど。

M: それはその山の神聖な象徴だと思うよ，それか地図上で方角を表しているのかも。

W: 後者だと思う。北を表しているもの。

M: おそらく君が正しいよ，Mia。

W: 計画をやり通してプロジェクトを終えましょう。

M: それが終わったらきっと嬉しいだろうな。非常にたくさんの問題に耐えなきゃならなかったからね。

W: 井戸を塞いだら，本社に完了を知らせます。そして私たちはプログラムの完了の承認の返信を待つ必要があります。

1496 □ **direction** [dirékʃən, dai-]	名 **方角，方向；**〖通例 -s〗**指示**
1497 □ **stick to** *A*	熟 *A*（約束など）**をやり通す，***A* **を守る** …→動 adhere（固守する）
1498 □ **put up with** *A*	熟 *A* **に耐える，***A* **を我慢する** …→動 bear（に耐える）
1499 □ **reply** [riplái]	名 **返信；返事；応酬** 動 **返事をする；と答える**
1500 □ **confirm** [kənfə́ːrm]	動 **を承認する；を確証する** 名 confirmation（承認，確証）

語注：arrow「矢印」

COLUMN

5 カタカナ語

本書の見出し語にはなるべくカタカナ語を割愛しましたが，TOEIC にはカタカナ語もよく登場します。カタカナ語の意味はもちろん，スペルを確認しましょう。
※見出し語と重複している語彙もあります。

1 コンピュータ関係

- □ cartridge 名 （インク）カートリッジ
- □ cyber 形 サイバーの，コンピュータの
- □ database 名 データベース
- □ download 動 （を）ダウンロードする，を取り込む
- □ file 名 ファイル，（整理・記録された）情報
- □ install 動 をインストールする，を設置する
- □ laptop 名 ラップトップ，ノートパソコン
- □ online 形副 オンラインの［で］
- □ programming 名 プログラミング
- □ text (message) 名 テキスト，（携帯電話の）メール
- □ the Internet 名 インターネット
- □ upload 動 （を）アップロードする，を転送する
- □ website 名 ウェブサイト

2 カタカナ語

- □ archive 名動 アーカイブ；を保管する
- □ assessment 名 アセスメント，査定
- □ compilation 名 コンピレーション，編さん
- □ contact 名 コンタクト，連絡
- □ counseling 名 カウンセリング，助言
- □ course 名 コース，進路
- □ initiative 名 イニシアチブ，主導権
- □ membership 名 メンバーシップ，会員権
- □ outsourcing 名 アウトソーシング，社外委託
- □ patron 名 パトロン，後援者
- □ presentation 名 プレゼンテーション，口頭発表
- □ privacy 名 プライバシー，私事
- □ renovation 名 リノベーション，修理
- □ theme 名 テーマ，主題
- □ training 名 トレーニング，訓練

1500 ESSENTIAL ENGLISH WORDS
FOR TOEIC L&R TEST

INDEX

索引

- □ この索引には，本文の見出し語・フレーズ（計1500語）とその派生語・類義語・反意語・関連語（計875語）が掲載されています。
- □ 太字（**abcde...**）は見出し語，細字（abcde...）はそれ以外です。
- □ 左端の赤文字（-aや-bなど）は「2つのスペル」です。例えば，A列にある-bの右側にはabで始まる単語（abandon，abateなど）がくるという意味です。検索の際にご活用ください。

A PAGE

D PAGE

E PAGE

H PAGE

I PAGE

M PAGE

N PAGE

INDEX
A B C D E F G H I J K L M N O P Q R S T U V W X Y Z

S PAGE

T PAGE

U PAGE

V PAGE

W PAGE

Y PAGE

Z PAGE

音声再生方法

下記 QR コードまたは URL にアクセスし，
パスワードを入力してください。
http://www.toshin.com/books/
Password: TTML1500

▶音声ストリーミング
スマートフォンやタブレットに対応。ストリーミング再生はパケット通信料がかかります。

▶ダウンロード
パソコンよりダウンロードしてください。スマートフォンやタブレットでのダウンロードはサポートしておりません。

会話で覚える TOEIC® L&R テスト 必修英単語 1500

発行日　：2021 年 3 月 22 日　初版発行
　　　　　2024 年 3 月 25 日　第 2 版発行

編者　：AmEnglish.com,Inc.
監修　：Dr. フィリップ・タビナー
発行者　：永瀬昭幸

編集担当　：柏木恵未

発行所　：株式会社ナガセ
〒 180-0003　東京都武蔵野市吉祥寺南町 1-29-2
出版事業部（東進ブックス）
TEL：0422-70-7456 ／ FAX：0422-70-7457
http://www.toshin.com/books/（東進 WEB 書店）
（本書を含む東進ブックスの最新情報は，東進 WEB 書店をご覧ください。）

イラスト　：新谷圭子
装丁　：東進ブックス編集部
DTP　：株式会社秀文社
印刷・製本：シナノ印刷株式会社
校正・校閲：大塚智美
編集協力　：佐藤春花，戸田彩織，福島はる奈，梁瀬善実
音声収録　：一般財団法人　英語教育協議会（ELEC）
音声出演　：Alexander Stylianou，Karen Haedrich，Neil DeMaere，Sarah Greaves，春田ゆり

ISBN：978-4-89085-866-8 C2082

東進ビジネス英語講座の5つのコース

1 TOEIC®LR 対策コース　就活を見据えて TOEIC®スコアアップしたい方に !!

講座名	講師名	講数
英語学習法講座	西方 篤敬先生	映像授業 30 分 ×10 回
【下記からいずれか 1 講座】 900 点突破講座 /800 点突破講座 /750 点突破講座 /600 点突破講座 /500 点突破講座 / 英語基礎力完成講座 (グラマー編 + リーディング編 + リスニング編)	安河内 哲也先生	各スコア突破講座： 映像授業 30 分 ×40 回 英語基礎力完成講座： 映像授業 30 分 ×48 回
高速基礎マスター講座	–	–
TOEIC®トレーニング講座	–	TOEIC®LR テスト 33 回分
TOEIC®LR テスト 4 回	–	–

主な担当講師

安河内 哲也先生

2 ビジネススピーキングコース①　留学先など、日常生活で使う英語を学びたい方に !!

講座名	講師名	講数
英語学習法講座	西方 篤敬先生	映像授業 30 分 ×10 回
Spoken English: Basics	宮崎 尊先生 他	映像授業 45 分 ×12 回
ビジネス英語スキル別講座（リーダーシップ・コミュニケーション編）	賀川 洋先生	映像授業 45 分 ×7 回
ビジネス英語スキル別講座（日常生活編）	安河内 哲也先生	映像授業 30 分 ×8 回
ビジネス英語スキル別講座（Web 会議編）	武藤 一也先生	映像授業 30 分 ×8 回
ビジネス英語スキル別講座（日常生活編）USA オンライン講座	–	オンラインレッスン 8 回
ビジネス英語スキル別講座（Web 会議編）USA オンライン講座	–	オンラインレッスン 8 回
高速基礎マスター講座	–	–
TOEIC®S テスト 3 回	–	–

主な担当講師

武藤 一也先生

3 ビジネススピーキングコース②　ネイティブスピーカーの感覚をつかみたい方に !!

講座名	講師名	講数
英語学習法講座	西方 篤敬先生	映像授業 30 分 ×10 回
【下記からいずれか 1 講座】 話すための英語基礎トレーニング講座 / 話すための英語実践トレーニング講座	大西 泰斗先生	(各講座) 映像授業 30 分 ×40 回
英語発音上達講座	西方 篤敬先生	映像授業 30 分 ×8 回
話すための英語 USA オンライン講座（基礎 / 実践）	–	オンラインレッスン 30 回
高速基礎マスター講座	–	–
TOEIC®S テスト 3 回	–	–

主な担当講師

大西 泰斗先生

4 アカデミック英語コース　留学準備の英語学習をしたい方に !!

講座名	講師名	講数
英語学習法講座	西方 篤敬先生	映像授業 30 分 ×10 回
大学教養英語	宮崎 尊先生	映像授業 90 分 ×12 回
TOEFLiBT スピーキング講座	スティーブ福田先生	映像授業 30 分 ×40 回
TOEFL USA オンライン講座	–	オンラインレッスン 40 回
高速基礎マスター講座	–	–
TOEFL Practice Complete Test 2 回分	–	–

主な担当講師

スティーブ福田先生

5 E-mail writing コース　外国人とのやり取りでの英文 E メールを学びたい方に !!

講座名	講師名	講数
英語学習法講座	西方 篤敬先生	映像授業 30 分 ×10 回
Basic Email Writing	宮崎 尊先生 他	映像授業 45 分 ×12 回
E-mail Writing 講座（初級編）	鈴木 武生先生	映像授業 45 分 ×10 回
E-mail Writing 講座（中級編）	鈴木 武生先生	映像授業 45 分 ×10 回
高速基礎マスター講座	–	–
TOEIC®W テスト 3 回	–	–

主な担当講師

宮崎 尊先生

東進デジタルユニバーシティの特長

日本では学べない超AI・超DXのオンラインコンテンツ

データサイエンス領域全米大学ランキング No.1 のカリフォルニア大学バークレー校と提携したコンテンツをご提供いたします

AIのビジネス活用をリードする講師による映像講義

株式会社ブレインパッド Chief Data Technology Officer
第2回日本オープンイノベーション大賞
農林水産大臣賞（2020年）日本深層学習協会 貢献賞（2020年）

株式会社ブレインパッド　エグゼクティブディレクター
AI（機械学習）のビジネス利用を支援する業界の第一人者
『いちばんやさしい機械学習プロジェクトの教本』著者

合同会社ウェブコア 代表取締役社長
『みんなのPython』著者
日本ではじめての和書となるPythonの入門書

株式会社ELAN 代表取締役、株式会社Iroribi 顧問
『Python実践データ分析100本ノック』著者
（Amazonデータベース処理部門ランキング第2位）

東進デジタルユニバーシティのご紹介

カリフォルニア大学バークレー校Executive　Educationと提携し、
AIを含む最先端デジタル領域の人財育成コンテンツをご提供します。

TD TOSHIN DIGITAL UNIVERSITY

企業のデジタル改革に「東進」の教育ノウハウと全米No.1コンテンツの品質を。

東進 × Berkeley UNIVERSITY OF CALIFORNIA Executive Education

30年培ってきた映像講義制作技術

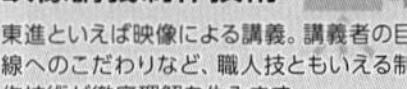

東進といえば映像による講義。講義者の目線へのこだわりなど、職人技ともいえる制作技術が徹底理解を生みます

実力講師陣が手がけるプログラム

映像による講義の利点のひとつは、圧倒的な準備量で講義を"作り込める"こと。一つひとつの講義が最高の完成度を誇ります。

わかりやすさと確実な理解

講義ごとの確認テストと講義ごとの修了判定テストで、誰でも確実にスキルアップできます。

映像による「IT授業」で数多くの学生を志望校現役合格に導いてきた東進の学習コンテンツ制作技術。シリコンバレーで技術革新の中枢を担うカリフォルニア大学バークレー校。この二者の連携により誕生したのが東進デジタルユニバーシティです。AI×ビジネス領域の第一人者による最先端の講義で、企業のデジタル改革を牽引するリーダー人財の育成を目指します。

大学ランキングNo.1の名門

フォーブス誌、U.Sニュース&ワールドレポート誌など複数の世界大学ランキングでトップの実績を誇ります。

シリコンバレーの"心臓部"

ITビジネスの最前線であるシリコンバレーで、企業との協働・研究開発を担う、まさに技術革新の中心地です。

100名を超えるノーベル賞受賞者

教職員や研究者、卒業生に至るまで、素晴らしい功績を挙げる優秀な人財を多数輩出しています。(受賞者数は大学調べ)

デジタル人財教育を通じ、社会・世界に貢献するリーダーを世に送り出したい

世界では、AI分野をリードする企業がめまぐるしい勢いで躍進を遂げ、社会に大きな変革や新たな価値、雇用をもたらしています。今、最も注目される同分野の人財育成は、日本・世界をより豊かにしていくための要と言えるでしょう。しかしながら、現在の日本はこうした人財の不足がひとつの課題でもあります。東進デジタルユニバーシティでは最新テクノロジーの分野で企業や日本社会を牽引していく人財の育成を推進し、日本の国際競争力の強化と、更なる発展に貢献して参ります。

大人気書籍の著者やシリコンバレーの大学教授など他では見られない講師陣

オンライン講義の教鞭をとるのは、AI・IT領域の第一線で活躍する日米のプロフェッショナルたち。基礎学習～世界トップ大学のMBAレベルまで、AI・ビジネス分野の権威から学びます。

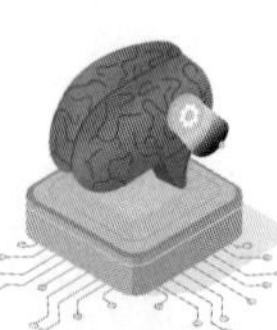

最先端のビジネスケースを豊富に取り扱った実践的な講義

シリコンバレー発の最先端技術やビジネス応用事例など、実際のビジネスケースを豊富に盛り込んだ講義をご用意。進化を続けるAI技術を多様なケーススタディを通して体系的に網羅していきます。

若手層からエグゼクティブまで幅広い階層・職種に対応したカリキュラム

ひと口に「DX」といっても、おかれたポジションや専門によって課題意識や求められるゴールは様々。幅広い層に最適化できる独自の講座体系で、個々人から最大限のパフォーマンスを引き出します。

東進デジタルユニバーシティ　ウェブサイト

https://www.toshindigital.com/

東進デジタルユニバーシティ　検索